獄制沿革史

留岡幸助――著

慧文社

獄制沿革史

警察監獄学校教授
留岡幸助講述

改訂版刊行にあたって

一、本書は一九〇〇年に発行された留岡幸助（著）『獄制沿革史』（磯村政富）を底本として、編集・改訂を加えたものである。

一、原本における明らかな誤植、不統一等は、これを改めた。

一、原本の趣を極力尊重しながらも、現代の読者の便を図って以下の原則に従って現代通行のものに改めた。

i 「旧字・旧仮名」は原則として「新字・新仮名」に改めた。
（例…「盡→尽」「云ふ→云う」等）

ii 踊り字は「々」のみを使用し、他のものは使用しない表記に改めた。

iii 送り仮名や句読点は、読みやすさを考えて適宜取捨した。

iv 難読と思われる語句や、副詞・接続詞等の漢字表記は、ふりがなを付すか、一部かな表記に改めた。

v 地名、人名など一部の語句を、現代の一般的な表記に改めた。

vi 新たな註を加えたものは［　］に示した。

vii 巻末に新たに解題を付した。

vii 圏点は煩雑さを除くため、ゴマに統一した。

慧文社

目次

総　論

獄制発達の順序

昔時より、獄制の順次発達し来たれる概況を視るに、およそ左の如しとす。

第一　復讐主義
第二　威嚇主義
第三　改良主義
第四　予防主義
第五　教育主義

今左にその大体を説明せん。

第一　復讐主義

昔者《せきしや》犯罪人処遇の方法は復讐主義にして、この方法たる最も早く発達し、幾千年以前より行われたり。これ監獄の最も混沌たる時代にして、モーセの律法書に「目を以て目を償い、歯を以て歯を償う」と記せるが如き、一の復讐主義を顕せるものなり。

今日世界各国に刑罰として死刑の存せるは、確に昔時の復讐主義の存せるもののなることを澄《すま》すべし。その可否は別論とし、今ここに論ぜざるも、今日開明の時代に於いてこのごとき刑罰の存するは、実に昔時の遺物として見るより外に理由を発見すること能《あた》わざるなり。

従来復讐主義に依りて刑罰を科せしも、その効力甚だ微弱にして結果良好ならざるを以て

第二　威嚇主義

に変遷し来れり。この主義は我が国に於いても幕府時代に於いて盛に行われ、今日に於いてもその当時の拷問器は著《いちじる》しくその模様を顕わせり。また欧洲に於いても十八世紀の中頃ジョン・ハワードの出るまでは、盛んに威嚇主義行われ、溺刑、焼殺刑、車裂刑、窒息刑、高所より堕《おと》す刑、鋸殺刑、車歯刑、猛獣に嚙殺せしむる刑、鼠をして嚙殺せしむる刑、生きながら葬る刑、煮殺刑、肛門より焼火箸を貫く刑、鎗《やり》を抛《なげう》ちて殺す刑、蛇をして嚙殺せしむる刑および砲口より吹き出す刑等種々の刑罰方法ありて、可成的犯罪人に長時間の苦痛を与《あた》

その実例

うべき方法を学術的に考究し、当時フランスに於いては死刑の方法百以上を以て数えたりしと云う。当時に於ける惨状の一、二を記すれば

（一）フランスの某判事は、十六年間に八百人以上の犯罪人に死刑の宣告を為し、その多数なることを人に誇れり。

（二）十六世紀に、フランスにては、二十五年間に千五百五十九人を死刑に処せり。

（三）十七世紀に、フランスにては、一ヶ年中に六百人以上の魔術師を死刑に処せり。

（四）英国のヘンリー八世は、七万人を死刑に処せり。

その刑罰の残忍なるは以上の如きも、その結果益々犯人を増加せりと云う。我が国に於いても、公衆の目前に於いて、窃盗を為したる者を死刑に処せしに、これを見物せし者の一人は、その帰途窃盗を為せりとの奇談あり。

苛酷残忍なる刑罰の人を感化せしむるの効なきを認むるや、更に変遷して

第三　改良主義

に移れり。この主義は犯罪者を感化改善せしむるを目的とするものにして、我

第四　予防主義

欧米の今日

第五　教育主義

が国もまた目下この主義の時代なりとす。然《しか》れどもこの主義のみにては、到底犯罪人を減少せしむること能わず、更に一歩を進めたる方法に依《よ》らざるべからず。これに於いてや

第四　予防主義

あり。この主義は後編更に詳論する所あるべしといえども、その目的とする所は、既に犯罪を為したる囚人のみを改良感化するに止らずして、これを予防するを目的とするにあり。既に病に罹《かか》れる者を治療するにあらずして、その健康体なる時に於いて、衛生の法を講じ、以て健全ならしむるものなり。

欧米各国の監獄改良は、今や予防時代に進みたるが為に、孤児、不良少年および浮浪者処分の方法等を実行し、その制度大いに発達せり。

第五　教育主義

最後に最も必要なるは、教育主義なりとす。今日は予防時代なりといえども、今一歩を進まば教育主義に変遷するは、余の信じて疑わざる所なり。これ即《すなわ》ち消極的方法より、積極的方法に進歩する所以《ゆえん》にして、最も注意すべき点なりとす。

広き意味の教育事業

名称の選択

犯罪人の改良感化は実に重大なる事業にして、これを一方面より視ず、各種の方面より察せざるべからず。広く眼を放っては犯罪人の改良感化は、広き意味に於ける教育事業なり。威嚇《いかく》主義、改良主義および予防主義は皆教育主義の中に包舎《ほうしゃ》せられたり。然れどもその教育方法は犯罪者の手、足および脳等悉《ことごと》くこれを教育せざれば真正の感化は期すべからず。今後百年あるいは二百年の後は、監獄の改良は進歩して完全なる教育主義と為るに至るべし。教育主義はただ妄《みだ》りに、緩慢優遇《かんまんゆうぐう》に流るるの義にあらず。充分に規律を厳重にし、西諺にいわゆる「鞭《むち》の側には林檎《りんご》を置くべし」との主義に依り、充分に犯罪人を改善するにあり。

ここに一言すべき事あり。現今の孤児院の如きその主義と方法は非難すべき点なしといえども、孤児院としてその名称の許《もと》に永く孤児を収容するに至りては、名称そのものが人の感情を害して教育の実を挙ぐるに害あれば、かくの如き名義を廃し、他に適当の名称を用うるを善とす。故に余の本年十一月を期し、設立せんとする感化院は、家庭学校と命名すべき考なり。また監獄事業漸次《ざんじ》発達し来らば、監獄の「獄」の字の如き、最も不適当たるに至るべし。その故に余は数百年の後当今の監獄事業なるものは、一種の教育事業と成るを信じ、その必成を予言し置くもまた憚《はばか》らざる所なり。

欧米監獄の変遷せる順序

欧米にて、監獄の変遷は、左の順序に依りて次第に進歩し来れり、即ち

第一　地　下　獄　Dungeon

第二　牢　　　獄　Prison（捕獲するの意義）

第三　監　　　獄　Penitentiary（改悔せしむる所）

第四　感化監獄　Reformatory（感化する所）

第五　安　全　院　Safe-Institution

安全院

現今第四の監獄は米国に在りて、最も世の賞賛を博し、同国にては旭日《きょくじつ》沖天《ちゅうてん》の勢あり。蓋《けだ》し感化監獄は世界最良最進の監獄制度にして、恐るべく規律を厳重にし、これと同時に教育主義を実行せり。然れどもこの感化監獄制度を以て完全なりと称するを得ず、更に一歩を進め監獄の名称を廃し安全院となさざるべからず。監獄の改良大いに進歩するに至れば、勢いこの如くならざるべからず。これ固く余の信ずる所にして今日議論まちまちたるも、余の執りて動かざる所なり。

犯罪人を減少し、社会を安全に保護せんと欲せば、犯罪人を安全院に収容し、かつ出獄せしめたる後も、社会を害せざることを目的としてこれを教育せざるべからず。我が国の如く再犯者百中七十五の多きに至るが如き現象は実に恐怖すべきことにあらずや。

沿革史の区別
欧米の沿革史
往古の刑罰
最古の監獄
書経中に記せる刑率

第一章　ジョン・ハワード以前の監獄界

沿革史の区別　沿革史を分けて（一）欧米の沿革史（二）日本の沿革史と為す。後者は諸君が調査の機会を有し、かつ諸先生の著述に付きて窺《うかが》い知るべき便宜あるを以て、ここにはこれを省略すべし。而《しか》して前者なる欧米の沿革史は、真正に監獄と云う意義に於いての改良進歩の歴史にして、その研究は興味ありかつ吾人《ごじん》に利益を与うること尠《すくな》からざるを以て、しばらく諸君と共にこれを研究せんと欲す。

往古の刑罰　古来より欧米諸国には、皆いずれも犯罪人を囚《とら》うる場所あるを見る。然れどもその最も古きものは紀元前二千六百年、即ち今より四千六百年前に、支那に於いては犯罪者を刑罰せし事実あり。即ち左に

「書経」舜典に象以ルニ二典刑一流宥メ二五刑一鞭作メ二官刑一朴作ハス二教刑ヲ一金作メ二贖刑スヲ一眚
災肆赦怙終賊《せいさいしやこしうぞくけいス》刑欽哉ヤ惟刑之レ恤哉

（註ニ曰ク）聖人ノ道ト云ウハ天ノ自然ノ道ニ象《カタド》リ玉フ也、春ハ艸木芽ヲ出シ万物各育チ生ズルヲ象トシテ仁ヲ施シ玉ウ、秋ノ気ハ金気ニ当リ万物ミナ枯レシボミテ殺伐ト云ウ烈シキ時ナリ、コレニ象《カタド》リテ悪人ヲ刑シ玉ウ、実ハ悪人ヲ悪ミ玉ウニハアヲス善人ヲ傷害《ソコナウ》カ故ニ已ムコトヲ得スシテ除キ玉ウ。又刑《コロ》スベキ罪五ツアリ之ヲ宥サントシテ流シモノヲハジメ玉ウ、其外ニ官人ノ罪ハ鞭ニテタタキ、教学《モノマナビ》ニハ朴楚《シツヘイ》ヲコシラヘ、贖刑《カリヨウ》ニハ金ヲ出サシメ、扨又眚災《アヤマチ》ニハ肆赦玉イ、終成ントタクミシ罪ハ賊《コロ》シ玉ウ。元来刑ト云フハ恐レシメテ悪事ヲナサズ刑《コロ》サルル者ナキ様ニト恤《メグミ》ヨリ已ムコトヲ得ス制シ玉ウ也、人ノ体ニ傷クルコトナレバ深ク戒メ欽《ツツシ》ベヘキコトソトナリ。

又同ジ舜典に曰ク、流シ二共工ヲ于幽洲ニ放チ驩兜于崇山ニ一竄シ二三苗ヲ于三危ニ一殛ス二鯀ヲ于羽山ニ一四罪而天下咸ク服ス。

同じ「書経」の皐陶謨《カウヨウボ》に曰く、天討ス二有罪ヲ一五刑五用哉

旧約聖書等に記せる事実 その一

（註ニ曰ク）五箇条ノ罪ニ従ヒテ五箇条ノ刑罰《ケイバツ》ヲ制シテ用ヒ玉ウ、天トハ天子堯帝ヲ云フナリ、

とあるが如く、堯帝《ぎょうてい》は四人の反逆人を罪に処し、一人を幽閉し、三人を遠島に流せしなり。これ蓋《けだ》し人を刑罰したる始めなるべしと思わる。

また旧約聖書中モーセの律法の内にも、監獄に似擬せる刑罰の方法を記せるものあり。その刑罰は三種にして左の如きものなり。

（一）地下獄《ダンゼオン》

なるものは地下に穴を掘り、犯罪者をその穴中の泥濘《でいねい》に置き懲苦《ちょうく》せり。「エレミア」紀三十八章六節に左の如く記せり。

彼等即ちエレミアを取りて、獄の庭にあるハンメンクの子マルキアの阱《アナ》に投いる。即ち索《ナワ》を以てエレミアを縋下《ツリオロ》せしが、その阱は水なくして汚泥《ドロ》のみなりければエレミアは泥の中に沈めり。（エレミアは西暦紀元前六二六年頃の人にして四大予言者の一人なり。即ち今を距《さ》る二千五百有余年前なり）

これに依って見るも、当時の状況如何は知るに難からざるべし。

その二

(二) 通常の監房

なるものも有りしと云う。この種類の監房は有名なる史家ヨセフスの著書中に記載せり。

その三

(三) 監獄の庭に於いて囚人が普通の作業を為せし事

は旧約聖書中に記せり。而して犯罪者は自由に新鮮の空気を呼吸せり云々とあり。(「エレミヤ」紀三十二章七節乃至十二節) また旧約書を調べるに、サムソンがペリシテ人に生擒《せいきん》せられたる時に、獄庭にて穀物を磨《コナ》せる事を記せり。これらに由《よ》りて看《み》るも、当時既に不完全なる監獄ならびに作業の存せしことを知るに足るべし。

その四

また左の如く書経に一定の場所を限りて、犯罪者を農事に就かしめたるが如き事実あり。これらは蓋し近世に行わるる所の殖民監獄の根本なるべし。

「書経」舜典に帝曰《ク》。皐陶蠻夷猾レ夏寇賊姦宄《みだりみやこちようぞくかんき》。汝作《リ》レ士《ト》五刑有《リ》レ服《スル》五服三就。

五流有レ宅。三宅三居《シ》。惟《レ》明《ニ》克《ク》允《ナル》。

（註ニ曰ク）帝皐陶《ミカドコウリョウ》ニノタモフハ蠻夷ノ国人猾《ミダ》リ反逆《ソムキ》テ夏《ミヤコ》ニ寇賊《アダナス》モノアリ、汝士官《メツケ》トナリ五ノ罪アリテ之ヲ刑《コロス》ノ場所三處《ミドコロ》ト定ムルナリ。罪ノ重キ者ハ遠キ原野《ノハズ》レトシ、大夫ハ朝地《ヤシキジ》トシ。士列《サムライ》ハ市井《イチマチ》ト定ムルナリ。又罪一等ヲ軽減《ユルメ》テ五《イツ》シナノ流刑《ナガシモノ》ト定ムルナリ、重キ者ヲバ四裔《エビス》ノ地トシ次ハ九州ノ外《ソト》トシ、軽キハ王畿《ミヤコ》ノ外《ソト》トス。人ノ命《イノチ》ハスグレテ重キコトナレバ允《マコト》ヲ以テ明ヲカニハカラウベキトナリ。

以上の如く独り支那およびイスラエル国等のみならず、昔時《せきじ》ペルシア、エジプトおよび、フェニキア、カルタゴおよびローマの諸国に於《お》いても、残酷なる刑罰行われ無益に犯罪人を苦めしことは、古き書籍に依りて種々の事実を知るべし。

博言学者の研究せし所に依れば、以上列記せる諸国に於いて、「監獄」と云う語の意義は「呻吟」「苦痛」「慟哭」および「絶望」等を意味せりと。これに

「監獄」なる語の意義

ギリシア古代の監獄

依ってこれを観れば、昔時の監獄は、皆復讐主義にして無益に犯罪人を苦めたるの事実は明白なりと云うべし。また我が国に於いて古来より「牢獄」と称する語に依りてこれを看るも、苦痛を与え動物として取扱いたるが如き形跡を想察するに足るべし。小河滋次郎氏著『監獄学』に拠るもドイツならびにラテンの監獄なる文字即ち Carcer and Gefangniss なる語の意義は皆猛獣を捕捉する如き義を顕わせりと記せり。哲学、美術および文学の起原なるギリシア国の如きも、有名なる法律家ソロンの出るまでは、監獄の制度すこぶる残酷を極めたりしと。またギリシアのアテネ府に監獄の存在せしことは、プラトンの『ソクラテスの弁明』に依りて見るも明白なり。而してプラトンの法律書の内に監獄の種類を分ちて左の三種とせり。

（一）刑事被告人を置くべき場所

（二）風俗を害せる者または浮浪の徒を処分する為めに設くる場所

（三）既決囚を拘禁すべき場所（市中を隔離せる所に於いて建設すべきこと）

右列記せる如くなるもこれただプラトンの理想のみにして、当時実際にこれをギリシアの監獄に応用せしにあらず。そもそもプラトンは紀元前四二九年即今を去る二千四百年以前の昔に於いてアテネに生まれたるに、当時既にこの如き思想を発表せるは実に驚嘆すべきことなりとなす。

ソロンの説

歴史家プルタークの云う所に依《よ》れば、ギリシアの七賢人と称せらるる所の一人なるソロンは、監獄と云う語の不適当なることを論したりと称せり。またギリシアのペロポネソスの監獄は、空気光線の通せざる恐るべき監獄なりしと。またクレタの迷宮と称したる最も恐るべき監獄の存在せしことありて、この迷宮中に犯罪者の一度投入せらるる時は容易に出ること能わざりしと。その他昔時の監獄は水なき井、王宮の塔の一部分、または城寨、病院および尼寺等を用いたることあり。ロンドン府の「タワー」と称する監獄はウイリアム一世の建設せし所にして、平常は武器を置きたりと。また仏国「バスチーユ」と称する監獄は、パリの城門の一なりしと。「バスチーユ」監獄は紀元一四一七年に州獄たりしことあり。仏王ルイ十一世は「バスチーユ」に於いて四千人以上の犯罪者を殺したりと伝う。

古代の監獄その位置および建物

昔時ローマにありし監獄の事情に付きては、今日より充分に知ることを得

ローマにおける監獄の状態

「ママルチン」監獄

「タリアン」牢獄

コンスタンティヌス大帝の監獄改良

ユスティヌス帝の監獄改良

教誨に就きラチモルの説

ず。然れどもその刑罰と苦痛を与うべし状況に付きては多少これを知ることを得《う》べし。ローマは往時酋長政治にして、族長を以て主君とせしが、世の変遷と共に一己人を以て刑罰を加うることの不可なることを認め、公共即ち政府の威厳を以て犯罪者を罰するに至れり。而して最初の監獄はアンコス・マルティヌスに依って建築せられたるものにして、世に恐怖せらるる「ママルチン」「マルティヌスの監獄」と称する監獄は即ちこれなり。後犯罪者の増加するに従いトゥリウス王監獄を建設せり。これを「タリアン」牢獄と称す。彼の有名なるキリストの使徒たるパウロはこの牢獄の中に苦しめられたりと云う。

前に述べたる如く、当時の状況は充分に明らかならざるも、彼のコンスタンティヌス帝は改宗したる後、その法律の中に於いて各種の慈善的分子を加え、あるいは孤児を救い、あるいは棄児を拾い、または貧窮人を助け、進んで監獄事業を研究し、爾来《じらい》ユスティヌス帝の時にもすこぶる監獄改良に注意して種々の改正案を作りたり。それより一五五〇年の頃、英国に於いてはエドワード六世の時、かの有名なる説教者ラチモルは監獄改良および監獄教誨の忽《ゆるが》せになすべからざるを説いて曰くフォックスの著『殉教者』
バーナード・ギルピンの監獄訪問
ミンシュルの監獄論
キリスト信徒智識協会調査委員の監獄調査
一六九九年「キリスト信徒智識協会」の設立

「我は『ニューゲート』または『フリート』監獄の牧師なり。囚人は聖日に説教を聴く機会なきが故に、その日には必ず監獄に赴きて教誨《きょうかい》すべき筈《はず》なり」と。またエドワード六世の次に王と為りしメアリー女王の時、［ジョン・］フォックスは監獄内部の惨憺《さんたん》たる罪悪に付き、その著述『殉教者』と名づくる書籍の内に、当時の事実を記載せり。一五五八年乃至一六〇三年エリサベス女王の時代に於いて、バーナード・ギルピンと称する人は北英国なる彼の伝道教区内に於いてしばしば地方監獄を歴訪せり。一六一八年ジェフリー・ミンシュルは負債を償却することを得ずして入牢したりしが、出獄の後『監獄および囚人に関する性質および論文』Essays and Charactors of a Prison and Prisoners と称する小冊子を書きて、ロンドン府の中に在る当時最も恐るべき監獄の状況を世人に訴えたり。

キリスト信徒智識協会調査委員の監獄調査　更に進んで監獄改良上特筆大書すべきは、一六九九年キリスト信徒智識協会 Christian Knowledge Society の設立せられたることなりとす。間もなくこの会より監獄調査委員を

監獄調査委員の選出
ブレイの監獄訪問および報告
その報告書

選出せり。而してその会長は博士トマス・ブレイにして、ブレイは一七〇〇年または一七〇二年に「ニューゲート」および「マーシャルシー」等の監獄に臨みて、親しく囚人をその監房に訪問し、金銭を与え、またその調査の結果は報告書として世に公にせり。その報告書は

『ロンドン府ニューゲートおよびその附近に於ける監獄改良』

と題する論文なりき。この論文は容易に得べからざるものなりしが、今より五十年前博士「ウィリアム・ヘプワース・」ディクソンがジョン・ハワードの伝記を著し、その内にこの報告書を摘録《てきろく》せり。依って今これを訳して諸君の参考に供すべし。即ちその報告は左の如し。

第一　獄吏の弊風《へいふう》甚だしく、囚人を堕落せしむることを以て唯一の職業と為すが如し。特に婦女子に対してはこの如き所業多し。

第二　彼等は囚人と同盟し、賄賂《わいろ》を取り、人をして婦女子と不義を行うことを許す。

第三　彼等は酒、「ブランデー」その他強き「アルコール」性の飲料を使用す。

単に彼等のみならず囚人すらもなおこれを飲用す。
第四　彼等は人を罵り、人を咒《のろ》い、神を汚し、遊逸《ゆういつ》に耽《ふけ》る。
第五　猛悪なる犯罪者は新に入牢する者を腐敗せしむ。
第六　宗教的礼拝の皆無。

委員はこの六ヶ条に対して改良案を立てたり。即ち左の如し。

第一に対する改良案

獄吏は弊風甚だしく、囚人を堕落せしむることを以て唯一の職業と為すが如し。特に婦女子に対してはこの如き所業多し。

(一) 改革者は宜《よ》く議会の決議を経て、不義不徳をなせる官吏を免職し、あるいは厳罰に処すべし。然れどもこの事を断行するには

(二) ロンドン市長および郡吏長官《ハイセリッフ》 High Sheriff にその権威を以て監獄改良をなさんことを請願すべし。而してもし獄吏の位置を買収せし司獄官にして死没し、もしくはその位置を去るもののあるときは、市長もし

くは郡吏長官たるものはその継続者の道徳および品行に対し特に注意せざるべからず。

(三) 市会あるいは国会その他の改良会にして、いやしくも改革に同意を表するものは、その目的を達する為めに充分なる権威を有する委員を選出すべし。

(イ) 教誨師を選ぶには、第一にロンドン監督《ビショップ》［ここでは英国国教会の主教］の認諾《にんだく》を経、次に獄吏の許可を得て監獄に送り、毎週一度これを訪問せしめ、その視察せる状態に依りて方法を考究せしむべし。

(ロ) 委員は監獄に近き場所に酒店を設置するの権を与え、その他便宜上適切なる権利を与うことを得。

(ハ) 囚人に施与《せよ》せんと欲するときは、施主《せしゅ》は条件付の使用をなすことなく、全く委員の意に任すべし。

(四) 獄吏は互いに相警戒し、その長官たるものは常に下僚の怠慢を戒むべし。

（五）もし獄吏にして放逸なるものあらば、委員の見込を以て善しとする人を選び、適当なる価を以てその位置を買わしむべし。

（六）ロンドンの監督および委員の捺印せし獄吏、教誨師および囚人に関する規則を獄内に掲示し、委員および巡閲官の性名宿所を明記し、各自をして職務を懈怠《けたい》せる時は直に訴うる所あらしむべし。

（イ）毎月一度委員は獄吏と囚人の面前に於いてこの掲示を朗読せしむべし。

（ロ）彼等を善良に導かんが為に掲示に附加するに追加を以てすべし。而してこれの如き企図の成功せんが為めに懇切に囚人を訓戒すべし。

第二に対する改良案

（一）出来得べくんば、「ベツレヘム」病院の如く、囚人をして食事を各房に於いて為さしむべし。然れどもこの事の実行せらるるまでは、婦女子は厳密に分房に附し、その夫ならざる男子にして女子と言語を交《まじ》う

改良案三

ることを許せる獄吏はこれを厳罰に処すべし。

（二）男囚は必ずその役業に従事すべし、もし怠惰あるいはこれを拒絶するものあるときは彼等をして苦役に服せしむべし。

（三）妊娠の故を以て、一時延期せし婦女子の死刑を全く免ずるは宜《よろ》しからず。何となればこれの如き事に依りて犯罪を重復するの大胆に陥ることとあるべければなり。

（四）獄吏は俸給の外は囚人の為を思い、食料、宿料および特別の離家の室料にあらずんば金を取ることなく、いかなる場合にも、入監したる囚人はその犯罪の如何を問わず、金銭に依って刑期を免れしむべからず。

第三に対する改良案

獄中に於いて酒、「ブランデー」その他強き酒精の飲料物を無制限に使用し、獄吏はこれを以て壟断《ろうだん》を私し、囚人および彼を訪問する人は強飲を試み、而して囚人は往々罰せらるるまで泥酔するに至る。この弊害を矯正せんには

（一）酒類は一切監獄内に於いて売るべからず。また必要の場合といえども、調査委員の一人もしくは数人の許可なき時は、監外よりこれを携帯するを許さず。

（二）いやしくも飲酒を奨励しもしくは新入監者より監獄税 Fee を徴収するが如き悪風は断してこれを禁ずべし。もしこれを犯したる司獄官ある時は厳罰に処すべし。

（三）囚人の強食および過飲を禁じ、節酒、節慾の風に習わしめ、もしこの風習を敗るものあるときは、懲罰を言渡すや否や直に処罰の実施にかかるべし。

第四に対する改良案

人を罵《ののし》り、人を呪い、神を汚し、遊逸に耽る囚人および獄吏の弊風を矯正せんには

（一）獄吏および囚人の姓名を「イロハ」順にて記載せる帳簿を作り、犯罪の状態をこれに明記せしむべし。

（二）かく記録したる姓名の上に、囚人にして誓約、呪咀、過飲を成し、およひ獄吏の教令を破り、あるいは怠りしときは、その犯則を明らかに帳簿に記入すべし。（この規程は恐くは身分帳の根原なるべし）

（三）入牢中善事をなせるものは賞票を点附すべし。然らば即ち彼等が他人を感化する好摸範《こうもはん》を示すに足ればなり。

（四）この帳簿は常に未決中、もしくは放免の際に法廷に於いて参考とし、これが謹慎の良否を取調べ、もし入監中悪事をなしたるときは、その本刑に加うるに相当の懲罰を以てすべし。

（五）獄吏および囚人にして犯則せし時は体刑もしくは罰金に処すべし。

（イ）体刑は下等獄吏にはあたかも戒具の如し。而してまた頑冥《がんめい》なる囚人に対しては減食、重き連鎖および公衆の面前に於いて鞭撻《べんたつ》する等の如きは、死刑を宣告するよりもなお苦痛多し。

（ロ）誓約、呪咀および飲酒等に対しての罰金は、議会が議決せるが如く、宜くこれを彼の帳簿に照し、もし行状良正なるときはその監獄税を許すのみならず、なおその他の必要物をも支給すべし。

第五に対する改良案

猛悪なる犯罪者は、新たに入監する者を腐敗せしむ。

（一）かかる頑悪なる囚人は厳正分房に附し、全く他囚と混同せしむべからず。

（二）これの如き囚人は毎日他の囚人よりは長時間の苦役に服せしむべし。

（三）もしかかる囚人を「ニューゲート」監獄より放免するときは、直にこれを労役監（Work-House）に送り、これに労役を課することを怠ることなく、充分に監督して忠実たる労働をなすに至らしめ、全く改心して正業に就くの見込立たずんば決して放免すべからず。もしまたこれらをして仮出獄せしむることあるも厳密なる監視に附し、正当の職業に依りて生活すること能わずんば、全然彼等を放免すべからず。

（四）拘禁中に忠実なりし囚人は、放免せられたる後もなお善に進ましめんが為に、報告書にその住所姓名を記し、再び旧悪に陥らしめざるのみならず、適切なる職業を発見して正業に就かしむべし。

第六に対する改良案

数多の監獄に於いての宗教教誨は悲しむべき状態に陥りたり。これを挽回せんには、

（一）「ニューゲート」の宗教教師、および総ての監獄の教誨師ならびに教師には、充分の俸給を支給し、豊かにその職務に従事せしむべし。

（二）この目的を達せんには、厳格にして経験ある教誨師を選択すべし。而してその人たるや青年もしくは懶惰の人たるべからず。もし彼等にしてその職務を正実に勉めたらんには、相当の褒賞を与うべし。

（三）その他自ら進みて教誨の職に当らんとし、またはロンドン監督の許可を得たる教誨師は、毎週監獄を訪問し親しく在監者に接すべし。

（四）信仰を起すに必要なる書籍を囚人に与うべし。まず聖書を各室に備え、その他『祈禱書』、『人間の義務』、『クリスチャン・モニター』、アイシャム博士の『病人の心得』およびケトルウェルの『囚人の心得』等いやしくも信仰の補助となるべきものはこれを設備すべし。

（五）総ての監獄の不整頓（特に負債を生ずるが如き）は、これ宗教教誨師（minister）の罪と云わざるべからず。何となれば彼等はその改革の衝《しょう》に当たるものなるが故に、もし他のキリスト教会の如き発達を遂ぐる能わずんば、これ即ち彼が怠慢《たいまん》に原因するものと云わざるべからず。

（六）総《すべ》ての監獄に於いては朝夕必ず『祈禱書』を朗読し安息日には二回の説教をなし、聖晩餐は毎月一回これを行い、この晩餐式に於いて宗教教誨師は、最も善く会衆を試験し、あるいは教訓し、充分なる注意を与えたる後晩餐式に与らしむべし。而してまた悪評を防がんと欲せばチチェスターの監督《ビショップ》のなせるが如く、極悪の囚人は紙を附して徴《しるし》となし、一見その何物たるやを知らしむべし。この方法を用いたるにより「ニューゲート」の悪評家にして感化し難き罪囚も悔改して死刑に処せらるる前に晩餐を守ることを得たり。これ即ち他の人々を教うる一大教訓にして、遂には上帝［神のこと］の恩恵彼等の内に実顕《じつけん》するに至るべし。

余はロンドン市長および町長に向い、特にこの問題に注意せられんことを切望してやまざるものなり。監獄の改良は即ち社会の改良なり。監獄はもとよりこれ囚人を強制する一大刑場たれば、この場所にして正当の官吏を得たらんが即ち囚人を改良することを得るものなり。然りといえども現今は規律その宜きを得ざるが為めに、無辜《むこ》もしくは無罪のものにして入監するときは、いよいよ悪化せらるるに至る。これの如き改良はまずロンドン府より始むべし。もし囚人を最も多く有するロンドンの諸監獄にして改良せられたらんには、その影響は施て全国におよび、ここに於いてか監獄改良の実始めて挙るべきなり。

ジョン・ハワードこれを読みしとき彼はいかばかりの喜びを心に抱きしや。彼は定めてこの報告書を読むことに依ってその運動を容易にし、事業に着手するの便を得たりしならん。

下院の監獄調査

これの如くにして監獄改良の実ようやく挙《あが》らんとするや、半途に挫屈《ざくつ》して、再び旧態に復し、この暗黒なる監獄の改良を行うに至るまでは、およそ二十余年を空費せり。その間に於ける監獄の堕落は、実に甚だし

当時の監獄

「オーガスタス」時代

一七二八年における下院の監獄調査委員の調査

調査の結果

く、獄吏と囚人はいささかも正義の束縛を受くることなく、獄内には、法令の威厳全く消滅し、獄吏は吾儘《わがまま》にも傲慢無礼《ごうまんぶれい》なる裁判を下し、不法、不徳、貪欲にもあるいは窃《ぬす》み、あるいは苦しめ、時にあるいは不幸なる囚人を死に致らしむることあり。而してこれあたかも英国文学史上に、「オーガスタス」時代と呼べる時なりき。この如く堕落し来れる監獄の醜聞《しゅうぶん》はいつしか外部に漏れ、再び社会の注意を喚起し、一七二八年二月十五日立法院は下院の委員に命して、諸監獄の状態を調査報告せしめたり。然れども監獄の腐敗は、その極度に達したるを以てこの事業は始めより思う如く捗《はかど》らず十分の目的を達すること能わざりき。委員は第一着に腐敗せる監獄官吏の調査に着手せり。即ち獄吏は略奪および詐欺をなし、または官金を費消し、「サム・スクリュー」（苦指刑）およびその他未だかつて英国刑法に於いて知られざる拷問器械を用い、残酷なる刑罰を科するが故に、委員はかかる官吏を処断すべきことを報告せり。この第一報に依りて下院は大いに喫驚《きつきょう》し、直《ただち》に暴逆を加えたる獄吏の逮捕を命じ、罪科に従いて相当の刑罰に附すべきことを上申せり、委員はなおその視察を継続し随《したが》って得れば随って報告せり。然れども当時の人民は比較的にこれを冷淡に

当時の犯罪者

附したるのみならず、犯罪に付ては社会もまた一部分その責任を免るべからず、と云う真理を会得せる将来の監獄家ハワードすらも、当時カージントンの閑居に安眠を貪りつつありしなり。然れどもこの委員等の惨憺《さんたん》たる報告はようやく心あるものの胸中を刺激し、慈善事業の萌芽に対しては全く無効にてはあらざりしなり。

委員は諸監獄を巡回したるの結果、もとよりその腐敗の度に高低ありといえども、腐敗の一点に於いては上は「マーシャルシー」および「ニューゲート」より、下は地方の留置場に至るまで、すべて同一の状態なることを発見するに至れり。

吾人は当時の腐敗せる監獄の状態を書き出さんが為めに、次回に於いて、「マーシャルシー」および「フリート」両監獄に於ける腐敗の実相を講述すべし。

当時の犯罪者なるものは、多くはこれ法律に背反したる犯罪者にあらずして、むしろ負債の為めに繋獄《けいごく》せられたるものなり。然り而してその罪質の軽重如何を問わず、概ね死罪を以て宣告したるものなり。かかる事実より推究する

当時政治家が懐抱せる監獄思想

「マーシャルシー」監獄

拘禁者の種類

監内の惨状

ときは、当局者がいかに人権を蔑視し、正義を蹂躪《じゅうりん》せしかば歴史の与うる光明によりて明白なるべし。

当時の政治家ならびに執政家は罪悪を矯正するよりも、むしろ、殺戮《さつりく》するを以て容易の事とせり。少なくともこの事は経済的なりと考え、罪悪の由《よ》って生ずる原因如何を講究し以て犯罪者を処分すれば従ってその方法も異ならざるを得ずという監獄学の原則は敢えて問う所にあらざりき。今両監獄の状況に付その一、二を記すべし。

「マーシャルシー」監獄　この監獄は負債償却の道に窮するもの、または水夫にして海賊を働きしものを拘禁する所にして、この監獄の主治者は王の一族たり。然るにこの監獄の典獄は、囚人の給料、食料および室料等を略奪して金銭を貪るが如き腐敗に陥りたり。上官これの如きを以て、下僚もまた正直ならず、一「シリング（我が五十銭）」の負債の為めに獄に下ざるるものあらば、まず監獄にて饗応する等の為めに、忽ち四十「シリング」の多額を費さるるべからず。また新入監者は、囚人中より、己が主人として仕《つか》うべきものを撰《えら》ばざるべからず。もしこれを撰ばずんば各種の不自由は至る所に起こり、遂に一身

惨状の実例一

その二

を窮境に陥らしめざるべからず。あるいは監獄内に於いて自由を得る為に費す所の金銭なくんば、同囚は彼を鞭撻し、所有品は悉《ことごと》く没収し遂に売却したる後、酒料として徴収せらる。なお甚だしき弊害は、獄吏は囚人および囚人の知己より金銭および物品を略奪することなりとす。故に貧しき囚人にして一度入監せば、すこぶる虐待を受け、言語に絶したる不幸に遭遇せざるべからず。これの如き貧しき囚人は十四フィート四方の小監房に拘禁せられ、夜間は必ずこの狭隘《きようあい》なる小監房に四十人乃至五十人雑居せざるべからず。たとい空虚にして人なき隣室あるもその室に眠ることを許されざりき。

一七二六年トマス・ブリスなる大工入監せしが、窮苦《きゆうく》のあまり餓死せんとせしに同囚の為めに縄を与えられたるを以て、これに依って脱獄せんとして捕えられ、打撲《だぼく》せられたる後、厳重なる銕鎖《てつさ》にて束縛せられ、数週を経過せり。しかのみならず鉄の帽子を以て頭を圧搾せられ、鼻口より出血し、非常なる惨状に遭遇せり。また苦指刑に処せられ死に瀕せしが、ようやく免ざることを得て、「セント・トマス」病院にて治療を受くるとこ数日にして死去せり。または負債の為め入監せるものを屍体と共に屍室に入れ、屍体糜爛《びらん》して蛆虫《うじむし》身辺を

「フリート」監獄
在監者の種類
典獄の一
典獄の残虐

襲い、言うべからざる苦痛に遭遇せるものありしと云う。

「フリート」監獄　この監獄はチャールズ一世の頃より負債者を拘禁したる場所にして、その処遇の残忍酷薄なること「マーシャルシー」監獄に優れり。元来この監獄に於ける典獄の位置は、一私人の所有に帰したるものなるが故に、不正不義を以て多くの金銭を在監者より強奪せり。彼の一七二八年より一七二九年の間に於ける国会の調査委員が、この監獄を巡視せるときの如き、「トマス・」バンブリッジなる典獄その職に在りしが、彼は友人カスバートと共に五千ポンドを出して、前典獄「ジョン・」ハギンスより典獄の位置を買収せり。彼はなおこれを以て慊《あきた》らず、その他に於いても種々の非行をなし、己が配下にある在監者の餓死するが如きは敢《あ》えて顧《かえりみ》る所にあらざりき。これを以て数多の囚人は彼が残忍酷薄にして吝嗇《りんしょく》なる手中に斃《たお》れたりしと云う。而してこの監獄の富源は、監獄に接近せる留置場にありき、もし犯罪者にして捕縛せられんが、彼等囚人はこの留置場に留置せられ、その所有品の総ては悉く略奪せられ、而して後監獄に投ぜらるるを常とせり。

キャスパーなる一紳士囚人となり、バンブリッジより金銭物品を略奪せられ

惨状の実例

簿冊の不備

無罪者の拘禁

てほとんどその所有の財産を失えり。然るに彼はなお飽くことを知らずして、その他を要求せり、キャスパーは家族の前途を慮《おもんぱか》りて、これに応せざりしかば、彼は大いに怒り、キャスパーを天然痘患者の発生せる留置場に拘禁せんとせり。キャスパーは大いにこれを恐れ、下級の司獄官に哀願してその処分を免れんことを欲したるも、無効にして入監を強制せられ、痘瘡《とうそう》に伝染して遂に死去せりと云う。

当時の監獄は、実に「地獄の沙汰も金次第」と云うが如き状況なりき。故に金銭を有するものは自由に且《か》つ数々脱獄することを得たりき。彼の国会調査委員の巡閲して脱獄者に付き質問せしも、当時の監獄には今日の如く整頓せる身分帳簿の如きものなかりしを以て、巡閲官を瞞着《まんちやく》することすこぶる容易なりき。調査委員が調査せるとき、この監獄のみにても無罪者にして拘禁せらるるものおよそ五十二人、その内八九歳より十一歳に至る幼童もありしと云う。ただに略奪、鞭撻および虐待のみならず、バンブリッジ典獄は囚人を殺害せんとしたること数々なりしと云う。

以上列記せる両監獄の事情は、国会調査委員の報告に基《もと》づくものにして、当時の獄吏がいかに犯罪者を処遇するに失態を極めしかを想見するに足るべし。

監獄改良の暁星
宵の明星および暁星
ハワードと監獄改良

第二章　ジョン・ハワードの幼年および青年時期、監獄改良の暁明

監獄改良の暁星

すでに前章に於いて陳述せる事実は、監獄改良の暗黒時代の一部分を顕わしたるものなるが、一七〇一年より一七〇二年に於ける「キリスト信徒智識協会」の調査報告は、暗黒時代に於ける宵の明星にして、一七二八年および一七二九年の議会調査委員の報告せる光明《ライト》は、即ち監獄界の暁星《ぎようせい》なり。而して吾人は今やジョン・ハワードの出生に説き及さんとす。彼の出生は即ち監獄改良の暁明にして、彼が与えたる東天紅はただに英国を照せしのみならず、世界万国いやしくも文明開化と称せらるる現今の開明国に於ける監獄改良は、彼の賜なりと云わざるべからず。ただに監獄の事業のみならず。彼は監獄学者としての鼻祖にして彼の名著『監獄事情《ジー・ステート・オブ・プリズンズ》』The State of Prisons は、監獄学を科学として言い顕わせるものの始めなりとす。故に監獄事業の何物たるやを知らんと欲せば、その根本たるハワードを知らざるべからず。およそ古より仁人君子の輩出して、正義人道に寄附したること多しとい

最大なる偉人
ハワードの誕生
および幼時
生年月
誕生の場所
人類の世襲財産

えども、彼の如き人物は稀れに見る所にして、英国が世界に向けてその偉人豪傑を誇らんと欲せば、斯道《しどう》の鼻祖《びそ》たるハワードの如きは実にその重もなるものの一人と謂《い》わざるべからず。

ハワードの誕生および幼時　その生年月日に付ては確説なし。ある人は一七二六年なりと云う。思うに彼が生年月は一七二一年乃至一七二六年の間ならんか。その誕生の場所につきても、また確説なし。彼が親友［ジョン・］アイキンの云う所によれば、彼が出生地はロンドンに近きエンフィールドもしくはカージントンなりとし、また他の伝記記者の言う所に拠ればハックニーとも云う。あるいはまたハワードは王の一族なりとも言い伝えらる。いずれか、確説たるを知らず。

ハワード伝の記者中最も有名なるディクソン云えることあり。曰く「人の残せる事業の光輝と勲功の大なるはその人類共通の世襲財産なり。故に偉人は一地方もしくは一宗派に限らるべきものにあらざれば、いずれの年いずれの地に生まるるも、敢えてハワードの価値を高下するに足らざるなり」と。真哉この言や。想うに現今に至るもジョン・ハワードの名はこれを聞くもの、皆敬慕の

真正の名士

彼の父

彼の母

命名の因由

幼時の特性

意を表せざるはなく、実に彼は独り英国のハワードたるのみにあらずして世界のハワードなり。真正の名士《パブリックマン》Public-Manたるものはまさにこれの如くならざるべからず。

彼が父はロンドンの紳商にして、貧苦の中に身を起せり。口碑によれば、ハワードは幼少の時、温和なる母の手に導かれ、時々麺包《パン》と菓子の如きものを「バスケット」に納めて、近隣の貧民に施すことを以て楽とせりと。彼が父はロンドンの一紳商たりしと云うのみにして別に聴く所なかりしなり。

彼の母は信仰篤き婦人にして、ハワードをして、昔時の宗教的豪傑の如くならしめんと欲したり。古宗教的豪傑と仰かれたるジョン・ザ・バプテスマ「洗礼者ヨハネ」、ジョン・カルヴァンおよびジョン・ノックス等の名に因みて、その名をジョンと命ぜり。これに依ってこれを観ればその母より受けたる彼が幼時の感化は少なからざるものなりしなり。彼はその幼時神童怪児と称せられて奇才妙識を具えたることを聞かずといえども、その天資最も柔順謙遜にして、彼に接するもの皆彼を愛憐せざるものなかりしと云う。ただその幼時に於いて少しく世人の注意を惹《ひ》けるは、一種奇異なる慈善心が、事物に接触する毎に、彼の上に顕われたることとなりき。

学生時代　彼が師として事《まな》べしは、牧師ジョン・ウォスリーなりしが、何歳にして師の門下に入りしや判然せず。而して彼は学生としての生涯には成功せざりき。その原因は彼が天性愚鈍なりしか、はたまた彼が教師の才学彼を啓発するに足らざりしかば判然せずといえども、彼は学力に於いては優等なる位置を占むることを得ざりき。後彼が友人博士アイキンに送りたる書面に曰く

「予は何事にも熟達し得ずして学校を去るの悲運に遭遇せり」

と。

彼はジョン・ウォスリーの門下を去って、ロンドン中学に入れり。この校に於いては彼の有名なるジョン・イームズありて彼を誘導せり。イームズは英国学士会員の一人にして、当時のサー・アイザック・ニュートンと親交あり。イームズは博学達識総ての人に向かって模範たるべき品性を有せり。彼が長所とする所は神学なりしといえども、また語学、数学、古典学および物理学の諸学科に精通せり。ハワードがニュートンと親交ありしはこれが為めなりき。当時ハワードと共にイームズの門下にありて、後社会に頭角を顕わせしものは

博士アイキンの評

博士ステネットの評

学生として彼の成功せざりし所以

［リチャード・］プライス、［トバイアス・］フルノーおよび［リチャード・］サヴェージ等の人傑なりし。博士アイキンはハワードの親友なりしが、ハワードを評して曰く

「彼は古典学、ギリシアおよびラテンの語学に付ては、その智識皆無なり。仏語を除きては、彼は英語さえも未熟にして、終生艶麗《えんれい》なる語句を用うること能わざりき」

と。これに反して、他の友人博士ステネットは彼を評して曰く

「ハワードはただに純文学に精通せしのみならず、近世語学には最も熟達せり」

と。これの如くその親しき友人にして彼を評することいずれもその極端に走れり。蓋し真理はその中間にあらんや。彼が語学に精通せることは疑うべからざる事実にして、彼が仏語に至りてはほとんど仏人の如く語りしと云う。特に彼は医学、政治、地理、歴史、外国の形勢および外国貿易の事にも精通し居りしと云う。

彼が学生として成功せざりしは、思うに第一彼の天性病羸《びょうるい》にして充分修業す

商界に入る
職分の観念
彼は商界の腐敗に感ぜず
その忠実

る体力なかりしこと。第二彼が父はロンドンの紳商にして彼を商界に於いて教育せんと欲したり。この二原因は彼が学者として成功せざりし所以の重なるものなりしならん。

商界に入る　ハワードは父の実業界を退きたる後はイームズの門を去りて、ロンドン・ワトリング町雑貨商ニューハム&シプレーの弟子となれり。彼は実業を軽蔑せず、すこぶる忠実と熱心を以てこれに従事せり。その商店にありたる彼の状況は、漠然として知るに由なしといえども、その商務に忠実なりしは疑うべきにあらず。彼の忠実なりし所以は、全く職分《デューチー》なる観念に動かされたるが為なり。かかる観念を有したりしが故に、動もすれば腐敗し易き商界および商人の内にありしといえども、金銭より来る腐敗に陥らず、終始一貫その職分を全うせり。ハワード謂《いえ》らく、「金銭の貴は仁義公道を遂行するに便利なるが為なり。金銭は慈恵を施すの機械にして、善事は多くこれによりて成ざるるを以て必要なり」と。彼はいかなる小事件といえども、一度《た》び己が頭上に落ち来れば、これを徹底せしめずんば止まざりき。いわゆる「小事に忠なるものは大事にも忠なり」との格言の如く、彼は実業界の一些事《さじ》といえども、これを軽忽《けいこつ》に

一七四二年父の死去
父の委託

第一旅行、休養および結婚
第一旅行

休養

付せざりしなり。彼が将来に於ける空前なる監獄改良という天職に斃れしも、畢竟《ひっきょう》その素養この時にありしや明らかなりと謂うべし。

一七四二年九月九日彼が父は溘然《こうぜん》世を去れり。遺産七千ポンド、彫刻物、家具、書画および土地の半ばはこれをハワードに与え、八千ポンドと数多の宝石および衣類はその愛嬢に与えられたり。ハワードの天性沈着精密にして財産を管理するに適しければ、彼の親戚は青年たる彼に全くこれを托するに躊躇《ちゅうちょ》せざりしなり。

第一旅行休養および初婚　彼は父の死後間もなくイタリア、フランス両国に旅行せり。彼のイタリアに赴くやその天然と美術を賞賛し、博覧会と美術館に出入してこれが研究をなし、財政の許す限りは物品を購求《こうきゅう》せり。彼はおよそ一年余をこの旅行に費し健康を回復して帰国したりしが、間もなく身体また意の如くならずして、ストーク・ニューイントンに休養するに至りぬ。彼のストーク・ニューイントンに休養せる間は、常に書籍の中にありて考慮し、且つ信仰を練り、真理を味わい、理化学の初歩と医学を研究せり。彼が医学の研究は将来彼の慈善事業に少からざる便宜を与えたり。彼が休養せる間に思わざる

結婚

夫人の病死

監獄改良の導火線

一七五五年リスボンの大震災

の大患に罹り、彼が下宿屋の主婦にして寡婦なるサラ・ロイドより懇篤《こんとく》なる看護を受け、遂にこの婦人と結婚するに至りたり。

この時ハワードは二十五歳、ロイドは五十二歳なりしが、彼は彼女の手厚き介抱に依りて僅《わず》かに九死の裡《うち》より一生を得たり。彼はいかなる者を以てその鴻恩《こうおん》に酬《むく》いんかを熟慮し、遂に彼女と結婚するは即ち彼が義務《デユーチー》にして報恩の手段たることを感ずるに至れり。寡婦はこれを辞退せしにも拘《かか》わらずハワードの熱心能《よ》くこれに打ち克ち、遂に結婚をなすに至れりと云う。

三年の後夫人は多病の結果遂に死没せり。ハワードは賢明忠実なる良夫人を失い、彼の悲哀は到底吾人の想像し能わざる所なりき。彼は夫人を看護せしことにより身体疲労し精神欝屈せしを以てこれを医《いや》さんが為めに欧州大陸へ旅行せり。帰来間もなく前代稀有の震災はポルトガルの首府リスボン府に起こりたり。

監獄改良の導火線

地理学および地文学を学びたるものは、何人もリスボンの大地震を知らざるものなかるべし。この震災は一七五五年に起こりたるものにして、その震災は欧州全土に波及し、子は親を失い、妻は夫に別れ、財産家

震災救護
七年戦争

「ブレスト」監獄に捕えらる

「ブレスト」監獄
その状況

はその所有物を烏有に帰し、これが為めに飢餓に迫る者、赤貧となりたる者、孤児および不具者となりたる者数え尽す能わざりき。この悲報ハワードの聞く所となるや、生来の慈善家なる彼は寸刻も躊躇すること能わず、直に震災救護の法を講じ、「ハノーバー」号に食物および被服等の救護品を搭載し、リスボンに向け出帆せり。この時会々英仏両国間に隙を搆《かま》え、歴史上のいわゆる七年戦争なるもの開戦せられたるを以て、「ハノーバー」号は仏国巡邏船《じゅんらせん》の捕獲する所となり、而して彼ブレストに着するや、船中の救護品は分捕せられ、遂に彼自らも「ブレスト」監獄に虐待を受くるに至れり。当時の戦争には赤十字の如き組織なく、彼の船員はすこぶる虐待を被《こうむ》れり。後彼が当時の状況を記して曰く

「巡邏船に捕えられてブレスト港に達するまではおよそ四十時間を費やせしが、この間一片の麺色《パン》、一滴の水だも飲むことを得ざりき」

と。これに依ってこれを観れば、当時の状態は吾人が想像の外なりとす。

「ブレスト」監獄　この監獄はブレスト港の一城内にありて、湿気多く、ほとんど言い顕わすことを得ざる程に不潔なりしが、彼は数多の囚人と共にこの

「モルレー」および「カルペー」監獄

仮出監

牢獄に拘禁せられ、到着の後なお数時間を経過するも、更に飲食することを許されざりき。然るにようやく羊肉の一脚は監房内に投ぜられたり。彼の言う所に拠れば

「飢渇《きかつ》に迫りし在監者がこれを争う状《すがた》は、あたかも檻中に投せられたる猛獣か馬肉を争う如くなりし」

と。彼はこの監獄に禁錮せらるること、およそ一週間在監者は監房内の湿気ならびに熱気を避くるに蒲団または被服なく、ただ数束の藁《わら》ありしのみ。而して囚人はこれ冷やかなる床の上に眠らざるを得ざりき。

ハワードおよびその一行は後モルレーおよびカルペーに移され、二ヶ月の間この両所に在りしが、これが為め、彼は当時捕虜が受けたる待遇の如何を研究するの機会を得たり。彼がこの両所に於いて他の英国兵と交通することに依って聞き得たることは、数百の捕虜は圧殺せられ、また一日の内に三十五人は「ディナン」の坑に生きながらにして葬られたりと云う。

彼はカルペーに在監中、謹慎の状著しく、同所の某下宿屋に仮出監することを得たり。然るに彼は捕虜なりしが故に、下宿料およびその他の費用を支払う

条件附放免

こと能わざる程に赤貧となれり。然るに下宿屋の主人は彼の真摯熱誠なる品性に感化せられ、更にその費用を請求することをなさざりき。彼の下宿屋を去りて本国に帰らんとするや、ハワード下宿屋の主人に向かって「汝に負える費用は我必す帰国の上返済すべし」との一言を残して同地を去れり。彼の品格には官吏一般人民も均しく感化せられざるものなかりしと云う。彼は当時容易に本国に帰ること能わざりしが、仏政府は条件を附して彼を放免せり。その条件は彼英国に帰らば、必ず仏政府より受けし放免の恩恵に相当するだけの酬いをなすべし。もしこれを為すこと能わざるときは再びフランス監獄に帰り来るべしと。蓋し仏政府がハワードに与えたる恩恵に報酬することとは、仏国兵士にして英政府の為に捕虜となりたる者あらば彼等を返還すべしとの意なりしなり。彼の本国に帰るや親戚および友人は満腔《まんこう》の喜びを以て、彼が無事出獄を祝せり。然れども彼はこの祝詞を喜ばず、親戚知己に謂て曰く、「余は仏政府と約束をなし条件付を以て放免せられたるが故に、仏政府に酬ゆる条件を充たずにあらざれば、諸君の同情厚き祝詞もこれを受くることを肯《がえ》んせざるなり」と。

ここに於いてや彼は政府の人々に説き、己を放免せる酬として仏政府の要求

仏国の要求に答う

多数の罪囚のために尽力す

を充たさんことを哀願せしが、英政府はすこぶる冷淡にこれを看過せり。然れども熱心なる彼の請願に依りて、政府もまた仏国の要求に答えたるを以て、彼は全く自由の身となれり。後自由の身となりしといえども、これを以て満足せず、また安逸《あんいつ》に耽ることなく、己と苦痛を共にしたる仏国の牢獄に呻吟《しんぎん》せる罪囚を思い、彼等のために尽力する所少なからず、遂に多数の罪囚は、彼の為めに出獄するを得たりしと。

家庭生涯

献身的事業の素養

彼の再婚

一七五八年ヘンリエッタ・リーズと結婚す

第三章　家庭生涯

彼の家庭生涯は、カージントン村落に住居せし間にしてハワードに取りては、この間の生涯はすこぶる無事平穏の時期なりし。畢竟彼が将来に於ける山を動かし海を翻《ひるがえ》すべき献身的大事業を遂行したる素養は、確かにこの家庭生涯にありしこと疑うべからず。

彼がこの村に向かって為せし働きは、重きを貧農の教育と、その境遇の改善とに致せり。この村は一の寒村たるに過ぎざりしが、彼および彼の後妻の尽力に依って、英国中稀に見ることを得べき進歩せる村落に改良せられたり。

彼の再婚　彼が再婚は一七五八年四月二十日にてありき。彼の再婚に先だち彼の実着剛気を顕わすべき出来事ありし。即ちこの村に於ける農民間に種々の紛議起こり、村民はこれを調定せんが為めに万事万端彼の方法に従わんことを欲せり。故に彼はこれらの人々を改良せんが為には、まず第一に自己の信用を高め、以て他を嚮導《きょうどう》するに足るべき権威を得べき必要を認識せり。彼が第二の

夫人の性行
夫人の補助
学士会員となる
当時の社会
祖先の感化

妻はブロックストンの弁護士エドワード・リーズの長女ヘンリエッタ・リーズなりしが、彼女は誠実寛大いずれの方面より看るも、将来の大慈善家にして大事業家たるハワードの配偶者としてすこぶる適当の人なりき。畢竟ハワードがカージントンに於いて貧民を改良し、農民の状態を高くせる所以のものは、ヘンリエッタの温和、敬虔《パイエチー》 Piety 忍耐および着実の諸徳は与《あずか》って力ありしなり。ハワードが一村の人望を得るに付ては、良妻の補助は実に著るしく、カージントンの慈善事業は畢竟ハワード夫人の力与て大なりしなり。而してハワード夫妻は、カージントンに於いて直ちに新しき家屋を建築し、庭園を造り、隣人と交わり、以て益々その改良進歩を期せり。彼が再婚は即ち彼が三十歳の時なりき。

学士会員となる

彼の智識は既に述べたるが如く、十分に博《ひろ》からざりき。当時彼が生長せる社会に於いては、古文学の研究の如きは良市民の資格には左程必要ならざりき。彼の父と親戚は熱心なる宗教家にして、彼の祖先の熱心と天才は彼の継承する所となれり。彼の叔父は欧州全土の圧制的君主をして非常に戦慄せしめたる、彼の清教徒《ピューリタン》の感化を受け、［オリバー・］クロムウェルの威権、［ジョン・］ミルトンの才能および［アンドリュー・］マーベルの高徳を学びたる人にして、ハワードもまたかかる名士の感化を隠暗《いんあん》の間に受けたるや明らかなり。畢竟彼の生涯が高尚にして勇猛なりしも、これらの感化は与《あずか》って力ありしならん。

彼はしばしばロンドンに赴き、いつしか当時知名の学者と交わり、また学者の設立せる学士会等に列席したる為め、彼は化学の研究に熱心するに至れり。この一七五六年五月二十日彼は選抜せられて学士会員の一人となるに至れり。この名誉ある選抜に与かりしは、決して虚名を求むる為めにあらず、ただ化学を研究せんが為に、当時知名の学者と相知らんことを欲したる為のみ。彼が学士会員となりしは、彼が化学の才に秀でたる為めにあらずして、当時の習慣として学士会は有名なる文学者を選むのみならず、これと同時に財産ありて社会上流に地歩を占むる人々をも選ぶの習慣ありき。彼はこの意義に於いて学士会員となりたり。然れども徒らにその名誉ある席を汚すを好まず、彼は種々なる学術上の経験を経て数個の論文を学士会に送れり。而して化学の研究をなさんが為には、厳冬肌を劈《つんざ》く夜半に於いて、地下に寒暖計を投入し以て寒気を測量せ

彼と聖書

彼は学者にあらずして人物なり

彼の理想

唯一の原動力

貧屋改良

り。畢竟彼は監獄改良に熱心なるが如くにまた学術にも熱心なりしなり。また彼が閑居せる時間の大部分は天文学の研究に費し、兼《か》ねて医学および気象学の研究に費せり。

彼と聖書　彼は学術を修むるに熱心なりし。然れども彼の天性は学術に発達せずして道徳に発達せり。そも人物を作るは学問の力にあらず、往々学者にして卑劣の行為あるもの尠《すくな》からず。これ動《やや》もすれば学者の世人に侮《あなど》らるる所以《ゆえん》なり。彼は学者となること能わざりしも人物となれり。これ一には彼の天性道義心に厚くして、生涯の理想とする所唯道義にありしに因《よ》るといえども、彼が理想とし標準として汲々《きゆうきゆう》その研究を怠らざるものは即ち聖書《バイブル》にして、実に聖書は彼の行為を支配し、彼の精神を鍛練せしめ、彼の目的を成就せしめ、彼をして天職を尽さしめたる唯一の原動力《モチーフ》なりし。彼は百般の真理を発見し、科学の真味を味わい、幼より老に至る間、一日も懈怠《けたい》の色なく、潑々《はつはつ》として活動せる所以の者は、聖書これが力となりしなり。実に聖書は彼の為めには学術よりも貴く、財産よりも重く、彼は聖書の顕わす所の主義と生死を共にせり。

貧屋改良　ハワードは己が村落に住居する貧民を改良せんと欲して、これが

財産に対する彼の見解

カーネギーの篤行

為めにその時間および財産の大部分を投じたり。これもとより彼の名誉心または一時の感情に依って然かなせしにあらず、即ちいかなる事に於いても彼を動かす所の義務《ヂユーチー》の観念に駆られたるが為なり。而して彼元来財産に対しては一種特別の見解を懐きたり。恐らくはその懐抱《かいほう》せる彼が意見は当時の経済学者は賞賛せざりしならん。およそ世人は金銭財産を見ること自己の性命よりも貴く、たとい仁義五常の道に違うことあるも、財産そのものを貯うる為には敢えて関せざるが如き感を有するを常とす。然るにハワードの財産に対するや、財産を見ること一個の物質と同じく、彼が父より受け継ぎたる富は全く彼の所有に属して彼が心の欲するままに用い得べしとは信ぜざりき。むしろ財産なるものは人間社会を幸福ならしめん為めに、一時彼に委托せられたるものなれば、その財産を以て己れ一個の所有物とせず、人間社会を幸福ならしめん為めの共同物と思惟せり。

　米国ペンシルベニア州ピッツバーグにカーネギーなる人あり。貧賤《ひんせん》より身を起こし、当時米国に於いては屈指の大資産家なり。近来富益足り年老いたるも、汲々として公共事業に尽瘁《じんすい》するを以て無上の快楽とせり。余かつて米国に在りしとき、同氏が百万円を投じて公共の為めに建築せし美術館の落成式を看たり。同氏の公共事業に尽瘁するや、ただにこの事のみにあらず、近来自ら欧洲に赴きて社会の状況を視察し、いかなる方法を以てせば能くその富を世界人類の為めに最も有益に利用し得べきかを研究せりと言う。氏かつて『アトランティック・レビュー』雑誌に「富の福音」という一論文を寄せしが、その主意に曰く「富は決して一個人の私すべきものにあらず。余の富は世界をして幸福ならしめんが為めに最も適当に費すべきものにして、余はこれを単に天より依托せられたるのみなり」云々と。蓋し己を以て公共財産の理事《ツロスチー》と解釈せるものなり。

故の英国のグラッドストンこの論文を閲読して感動すること甚だしく、自ら書を送りて曰く、「願わくば君の論文をして我ロンドンの新聞に登載《とうさい》することを許せ」と。ここに於いてロンドンの新聞紙上その論文を見るに至れり。（我が国民新聞は当時これを訳出せりと覚ゆ）

ハワードの如き、その当時に於いてすでにかくの如き高貴なる思想を懐き以てその天職を尽せり。豈《あに》驚くべきの至りにあらずや。第十八世紀の半に於いて

十八世紀の風俗

ハワード夫人の高徳

当時の光明

一村の進歩

は世人皆金銀宝玉を能《あた》うだけ多く貯蓄し、これを装飾するを以て能事終れりとせり。故に交際社会に出入する貴顕紳士淑女《きけんしんししゅくじょ》は一人として燦爛《さんらん》として輝く所の宝玉を身辺に装飾せざるはなかりき。ハワード夫人はその位置高く、その名声嘖々《さくさく》たるにも拘らず、世人の為せるが如く容貌を装い、燦然《さんぜん》宝玉を以て身辺を粧うことを屑《いさぎよ》しとせず、むしろこれの如き奢侈《しゃし》はその身を害するものとしてこれを退けたり。ただに装飾を賎《いやし》みたるのみならず、自己の有する所の宝玉の大部分を売却し、その得たる巨額の金銭を以て貧民を救助し、病者を恵み、慈善を為すことを以て無上の快楽とせり。かかる麗わしき行為は夫ハワードの感化より来たりしか。または夫人の天性高貴なるが為めなりしかば知るに由なしといえども、当時の腐敗せる上流社会にハワード夫人の如き人ありしは、確に英国に於ける当時一線の光明たりしや疑うべきにあらず。

以上述べたるが如くハワード夫妻の尽力に依りて、一寒村たるカージントンも英国中屈指の良村落となるに至れり。初め彼のこの村に居を占むるや一村挙て窮貧《きゅうひん》、無学、不道徳、頑冥《がんめい》、不潔にして小成に安んじ、小事に拘泥《こうでい》して大事を忘るるの風あり。また彼等は多少文字なきにあらざりしといえども、彼等は財産がその権力なると同時に義務のこれに伴うべきことを悟らず。故に財産を使用して社会に対する責任の一部を完うするが如き高尚なる観念は有せざりき。而してこの村には労働者を使役する製造場はただ僅かに「レース」貿易が少数の人を喜ばしめたるのみにして、物産と製造場なきが為に極貧の寒村なりしも、ハワードの熱心と勉強と耐忍は、この憐れむべき寒村をして英国中当時屈指の村落と為すに至れり。

住宅の改良
その目的

住宅の改良　彼は村民生活の状態を改良することに依りて、清潔なる感情と健全なる道徳を扶植《ふしょく》し以て一家団欒の快楽を与えんとせり。而して彼の希《ねが》いし所は、これらの改良に依って、道徳および宗教を確固不抜の基礎に築かんとするにありたり。

農屋の改良

彼が為せし事業中第一に着手せるは、農屋の改良にして、即ち空気、水および光線を自由に有し得る家屋を建築してこれを農民に貸与せり。而してこの新造の家屋は、狭小にして不潔なる古屋と、その賃銭に於いては等差なかりし。而して彼が家屋を改良せしは、家屋の改良を通して、人心を改良せんとするにありき。而して彼が農民に対して絶対的に要求せる所のものは、勉強、節酒および日曜日を守ること等にて、たとい宗教はいずれの派に属する

ハワード夫人の追想

アイキン博士の小話

も、これその人の権利にして、彼は自己が信仰せる宗教を他人に強ゆるが如き愚をなさざりしなり。

かかる高貴なる計画は、その良妻に依って補益《ほえき》せらるること多きが故にハワード夫人が世を去りたる後も、その名はこの村落の老人が夜物語に上りしが如きを以て見るも、いかにその感化の大なりしかを知るに足るべきなり。

ハワードの親友アイキン博士がかつてハワードに付きて一小話を為せしことあり。曰く、「ハワードは財産に対して一種不可思議の思想を有し、彼一人にして多くの富を貯蓄するの権利なしと信ぜしが如し。寛大なる神の摂理は、単に一人のみに富を私《わたくし》せしむることなく、飢えたるものには食を与え、裸なるものには被服を与え、家なきものには家屋を与うるが如きは即ち自然の好配剤なり。

故に一年の終りに於いて、その会計の決算をなし、歳入が歳出に超過するときはその超過せる部分を貯蓄することなく、その剰余せる金銭は、有益なる事業に使用するか、否らざれば、夫人が装飾品を売却して貯えたる慈善的基本金の内に附加することとせり。彼は剰余の金銭を「聖《キヨ》き部分」と名づけて、貧民

小作人の改良　精神の開発

教育上に於ける　彼の謬見

後妻の死去　一七六五年

に施与するを以てこの上なき快楽となせり」と。

小作人の改良　彼は物質的の改良に力を致したるのみならず、更に進んで精神道徳の開発に従事せり。この目的を達せんがために村内に数多の学校を興し、単に児童教育を為すのみならず、青年にもその恩沢を施さんことを希《ねが》えり。教育上に付き、当時の人の抱ける思想は、幼時に於いて読書、算術および習字の教育を受けざりしものは成長の後決して学ぶことを得ざるものなりと。彼はかかる謬《びゆうけん》見に同意を表したるが如し。故に農民中の成年には説教または宗教教師の訪問に依って僅かにその心性を啓発することを勉めたるのみなりしと云う。

後妻の死去　一七六五年三月三十一日の日曜日に於いて、彼が最愛の妻ヘンリエッタは不帰《ふき》の客となれり。前の水曜日（死去に先だつ五日）夫人は初めて一人の男子を生めり。夫婦は数年間子なかりしが故に、大いにこれを憂いいかにしてか一子を得んことを渇望せり。夫人の出産は通常と更に異なることなく、永眠の日即日曜日の朝は最早快癒せるが如く更に危険の虞《おそれ》なかりしが為め、ハワードは教会に参列し、帰宅するや否や妻は容体悪く、暫時の苦の後、その良人の手に抱かれつつ永眠せり。

ああ人生は無常なる哉。ハワードは更に夫人を迎え、幸に一子を挙げて喜び未だ満たざるに、その喜びは変じて苦痛となるに至れり。吾人は彼の衷情を察して、その悲哀のいかに大なりしかば誰人も能くこれを筆紙に顕わすこと能わざるを信ず。夫人時に享年三十九なりき。

第二旅行
一七六六年
その目的

帰国後の生活

第四章　献身的生涯の発端

第二旅行　ハワードが第二旅行は、後妻死去の翌年即ち一七六六年の春なりき。彼はこれ第二の旅行に於いては欧洲大陸を悉く巡回することなく、ただ単にオランダに行くことを以て満足せり。彼がこの旅行の目的たるや、一は以て家族の困難より生ぜし憂欝を散ぜんとし、二は以て外国に於ける社会進歩の状況を視察し、もしくは天然の美景を賞して心意を快活ならしめんと欲したるにあり。外国旅行は彼にとりては、その煩悶《はんもん》せる心意を慰むる惟一の良法にして、彼が第二旅行より帰りたるときは、曩《さき》の悲哀と憂鬱は既に治癒せられたりと云う。而して彼が帰国の後はカージントンに於ける土地の監督および彼が建設せる学校または貸家等に付き日々多忙を極めたり。しかのみならず彼は最愛の妻が残したる一子ジャックの為に、教養の労をも取らざるべからざりき。去れど献身的生涯を送る彼にとりては、弾丸黒子《だんがんこくし》たるカージントンは彼が畢生《ひっせい》の力を振う舞台としては実に狭隘《きょうあい》なるを感じたり。これに於いてか、彼は欧洲大

第三旅行
一七七〇年

郡吏長官となる

監獄改良の遠因
および近因

当時の郡吏長官

郡吏長官として
のハワード

陸に向かって第三の旅行を試むるに至れり。

第三旅行　この旅行は一七七〇年の春、即ち妻に別れしより五年の後なりき。旅行せし国々は伊、仏、独および蘭等なり。而してこの旅行のために費したる時日はほとんど一年なりしと云う。

ハワード郡吏長官《ハイ・セリッフ》となる　一七七三年彼は郡吏長官となりたり。前に述べたるが如く一七五五年リスボンの大地震を以て彼が監獄改良に於ける遠因なりとせば、郡吏長官となりたることは、その近因と謂《い》わざるべからず。彼が長官となりしは、ベッドフォードにして、彼はいかなる関係に依りてこの職に就きしかは甚だ不明なり。当時郡吏長官の職たるや、すこぶる光栄ある職にして、何人も容易《たやす》くこの職に就くことを得ざりき。彼の財産よりするも、彼はこの栄職に就くの理由なく、その信奉せる宗教よりするも、この職に就くの因縁なし。彼は新教徒として当時の国教に反対せる程なりき。故に彼が宗教はむしろ彼を不利益の地位に置くも、かかる顕栄《けんえい》の職に就かしむべき理なしとす。故に彼が郡吏長官の好位置に昇進せしことは今よりこれを知るに由なきなり。

彼一度この栄職に上るや、満腔の熱心を以てその職に尽瘁《じんすい》せり。当時郡吏長官はただ妄に名誉権勢を貪りたりといえども、長官自ら職を執《と》らず、万事は全く下僚の手に委ね、敢えてこれに関する所あらざりき。もし長官自ら鋭意熱心に勉むる所ありとせば、出来得る限り金銭を貪ることを以て無上の楽とせり。而して長官自らは己が長官に媚《び》を呈《てい》し、下僚を奴隷の如く使役するを以てその本分と心得たり。当時の官界これの如き常態なりしを以て、彼は悲憤慷慨《ひふんこうがい》の余り、遂にその職務に向かって一大革新を施せり。

元来彼自らは法律思想に於いてはすこぶる欠乏せしが、兎に角その良心の内に於いて焔々《えんえん》として燃え、潑々として動く所の一種の生命力を有したるが為め、何事に於いても能くその任務を尽せり。故に従来の長官とは全くその趣を異にし、彼は自ら裁判事務を執行するに至れり。彼の眼中に映せし所のものは、当時の刑法学者、裁判官、監獄官および法律家が、禽獣《きんじゅう》同然の処遇をなせし所の犯罪人なるものは即ち人にして、決して度外視すべき者にあらざるを発見するに至れり。かくの如くハワードが見たりし犯罪者と、当時の人々が見たりし犯罪者とは、雲泥の相違ありき。後世の刑法学者が、当時英国に行われたりし、刑法を目して、「悪魔の法律」なりと言えるは、盖《けだ》し誣言《しいごと》にあらざるな

犯罪人に対する彼の見解

り。然るに彼の管轄せる裁判所および監獄署に於いて、奴隷の如く処遇せらる犯罪人に対する彼の見解は、当時の人々とは全く趣を異にし、たとい犯罪人が一時罪悪に堕落するも、人類は依然として人類なり。いかに堕落大なるも悪魔となる能わず、故に適当の処遇と方法を発見するに至らば、当時の社会が禽獣と同一視せる犯罪人は慥《たしか》に改良せらるべきを確信せり。これに於いてか彼は鋭意熱心意を監獄改良に注ぐに至れり。

ハワードとバンヤン

その『天路歴程』を著してその名を世界に知られたるジョン・バンヤンは、ハワードの以前に於いて、宗教上のことに関し、この監獄に繋留《けいりゅう》せられたり。然るにジョン・ハワードが、先輩バンヤンの呻吟したるこの監獄を監督するに至りたるは、実に奇なりと言うべし。

『監獄事情』の一節

『監獄事情』に左の一節あり

囚人の多数はその理想《アイデア》甚だ不完全なり。而して実際囚人の経歴せし困難は、余がベッドフォード郡吏長官たりしときに於いて、すこぶる余の注意を惹けり。余をして監獄の為に献身せんと奮起せしめし所以のものは、罪なくして有罪の宣告を受けたるものあり、あるいは罪囚の内には罪状なくして入監せるものあり、または被告人に対して原告人のなきものあり。彼等は数ヶ月間留置せられたる後、獄中に投入せられ、而して刑期の尽ることあるも、なお獄吏に監獄税を払うにあらずんば放免せらるることなし。余はこの状態を目撃して心を動かされ罪囚の為に一命を捨てんことを欲せり。而して余思らく、監獄の改良は、第一に監獄税を廃棄して、獄吏に相当の俸給を与うることとなれば、この事を州の輿論に問わんことを欲せり。

法廷は元来苦しみの場所なれば、救助物を与えんとする志望は人々の希う所なりしが、獄吏の俸給を州に於いて負担することは、未だかつて前例を有せざるが故に、この改良にはすこぶる苦心せり。これを以てその前例を看出さんが為めに、隣州を巡回せしが依然としてこれらの州に於いても同一の弊害の行わるるを見たり。

当時負債者の課せられたる監獄税は、典獄に十二シリング四ペニー（我が七円余）看守に二シリングを払うにあらずんば出獄することを得ざりしなり。英

当時の刑罰

その実例

俸給制度設定の困難

国当時の刑法は、ある点に於いては全く悪魔の命令の如くにして、囚人は犯罪の形跡なきにも拘わらず、飢死もしくは熱病に罹り、拘禁中その多数は死没せり。当事行われたりし刑罰なるものは、実に峻刑酷罰《しゅんけいこくばつ》にして、ケントのある公園に於いて唐花草《ホップバンド》の枝を折り、あるいはミドルセックスに於いて五シリングに価する古き外套を盗みたるが為に、縊刑《いけい》に処せられたるものあり。当時の英国は［ウィリアム・］ピット、［チャールズ・ジェームズ・］フォックス、［エドマンド・］バーク、［リチャード・ブリンズリー・］シェリダン、および［ウィリアム・］パリー等の名士のありしにも拘わらず、なお以上の如くなりき。実に吾人は当時英国刑事社会の野蛮的行為に一驚を喫せざるを得ざるなり。

これらの弊害を除かんが為に、拮据勉励《きつきよべんれい》したる彼は実に賛歎《さんたん》すべきものありき。彼は熱心に監獄税に代うるに、俸給制度を以てせんことを主張したりしが、いかにしてこの俸給を支出すべきかは、すこぶる困難なる問題なりき。彼はこの俸給を州費にて支払うべきを主張せしも、当時の官吏は、すでに数十年来の習慣たる監獄税を廃止せんとせば、確実なる前例を見出さざるべからずと主張せり。当時の官吏はこの改革が正当なるか、はたまた不当なるかは敢え

内国旅行
一七七三年
「ソールズベリー」監獄
その記事

て問う所にあらず、ただ一点張りに前例になしとの故を以て彼を苦めたり。この事情を知れる彼は単身孤独、ただ管前例を発見せんが為に内国旅行を初めたり。これ即ち一七七三年なりき。

この旅行中彼は「ソールズベリー」監獄を視察せしが、監獄内に於いて在監人が商売をなせるを目撃せり。彼は記して曰く

この監獄の門前には塀に打付けられたる雀耳釘に繋げる大なる鉄鎖ありて、その両端には両足を繋がれたる負債者なる囚人、公衆に向かって網、巾幗《きんかく》、「レース」およびその他諸種の製作品を商い居ること、あたかも前世紀に於いてジョン・バンヤンのしばしばなせしが如きものありき。

この他なお奇怪に堪えざる風習は、「クリスマス」の時囚人を鉄鎖に繋ぎ、これを市に放って物を乞わしめたり。かかる囚人は、あるいは食物を受けんが為に籠《かご》を携《たずさ》うるものあり、あるいは金銭を受けんが為に箱を携うるものあり。その他夫々施与を受けんがために、必要なる器物を携え市に行くを例とす。而して司獄官は俸給を取ることなかりしが為めに、在監人の食物を掠《かす》

監獄税廃止案の失敗

一七七三年ポパム監獄税廃止案を提出す

その否決

英国西部の巡回

国内の感謝状

め、もしくは所有品を奪いて生活の資となせり。

と。これに依ってこれを観れば、当時の監獄なるものがいかなる状態にありしかば吾人の想像し得べき所なり。

監獄税廃止案の失敗　一七七三年二月十八日トーントン市選出議員［アレクサンダー・］ポパムはハワードの着手に先《さきだ》ちて、監獄税の廃止案を提出し、更に郡費を以て俸給を支弁《しべん》せんとせり。

この提出案は第二読会を経て、第三読会に至り再び修正の必要ありとの口実を以て否決せられたり。この開期と次の開期との間に、彼はこれまで吾人が講述せる監獄改良事業の為めに議会より呼出を受けたり。而して彼およびポパムは互いに相提携して斯道に尽瘁せり。而して彼が英国西部を巡回するに先ちその計画は議会および友人二、三の協賛に依りて出発せしが、彼旅行より帰るや否や議会は彼が視察せる結果を聞かんことを欲せり。

国会の感謝状　時の国会議長サー・トマス・クラバリングは右の書状を国会に提出せり。

国会の賛辞

「吾等はハワード君を国会に招待し、議長はハワード君が英国の諸監獄を歴訪しその研究せる結果を議会に報告せる熱心に対して大いに感謝せんことをハワード君自らに知らしめんと欲す」

ここに於いてか彼は国会に招かれ、議長より彼が今日までの慈善の行為に付き賛辞を与えられたり。かかる感謝は戦功ありし軍人を除きては他人の容易に受け得ること能わざる名誉なり。然るに奇哉、議会に於ける議員の一人はハワードに問うて曰く、「貴下は何人より旅費を得てかかる精密なる研究をなせしや」と。温和にして謹み深きハワードも、かかる質問に対してはいささか忿怒《ふんど》の情を洩《も》らさずして答うるを得ざりき云々と。これアイキン博士の吾等に告ぐる所なり。

第五章　欧洲大陸に於ける監獄の視察

第四旅行
その目的
一七七五年

「マイソン・デ・フォース」視る

その賜

その進歩の状況

第四旅行　彼は自国に於ける監獄を視察せるを以て満足せず、更に進んで欧洲大陸に於ける監獄事情を精察せんことを欲し、遂に第四旅行に上るに至れり。これ即ち一七七五年四月なりき。彼は旅行を始むるに当たりて、まずフランスより視察を始め、許多の名高き監獄をその市に於いて視察し、歩を進めて現今ベルギー・ブリュッセル府に到れり。彼はブリュッセルに於いては治獄上更に得る所なかりしが為めに、歩を転じてゲントに向えり。この所に於いては、監獄沿革史上有名なる「マイソン・デ・フォース」Maison de Force なる範模監獄を視察したりしが、該監獄は特に彼の注意を惹けり。ただに彼の注意を惹きしのみならず、彼が監獄改良上に於ける智識の嶄新《ざんしん》なる一部分は確かにこの監獄視察の賜なりと言わざるべからず。彼はこの監獄を見たることに依ってすこぶる自国の監獄と異なることを認識して賛嘆《さんたん》措《お》く能わざるものありきと言う。この監獄に於いては囚人の食物は衛生に適い、衣服および監房の如き

「アムステルダム」の監獄を視る

その発達

も、当時の監獄改良上より見るに非難する所なく、在監人の教育ならびに作業の如きも適当にこれを認せられ監内は清潔にして、紀律大いに整いこれを英国の監獄に比較するに、全く正反対なりし。当時英国の在監人は飲酒放逸に耽《ふ》けるのみならず、連鎖に繋がれたるまま虐待せられ、もしくは飢餓に迫る等、実に惨憺たる有様なりしが、ベルギーに於いてはかくの如き弊害更になかりしを以て、ハワードの賛嘆せしも大いに理あるを見るに足るべきなり。彼はゲントを視察したる後、アムステルダムに向かえり。この地の監獄は前監獄に更に一歩を駕《が》したるものにして、彼の精察の結果として記述する所に依れば、かかる大市術にも拘わらず、最近十年間に死刑に処せられたるもの一人もなかりしと言う。而してまたその最近百年間に於ける調査を見るに、一年に一人以上の犯罪者を出さざりしと。而してアムステルダムには、当時二十五万の人口ありといえども、ロンドンはその人口の多きこと三倍なり。一七七五年に於いてセオドール・ジャンセンは一七四九年より一七七一年間に有罪の宣告を受たる犯罪者の精密なる統計を公にせり。この統計に依れば、二十三年間に於いて死刑の宣告を受けたもの七百九十四人、而してなかんずく絞罪に処せられたるもの

犯罪者の少数なる原因

彼の記事

六百七十八人、残りの百十六人はあるいは死し、あるいは逃走し、あるいは放免せられたり。而して絞罪に処せられたる六百七十八人をロンドン市民に配当して比例を取るときは、市民二十九人半に対し絞罪者一人なりしと言う。死刑の宣告を受けたるものかくの如く多数なり。その他の犯罪に於いて多数なりしこと論を待たざるなり。彼がアムステルダムを歴訪せるときは、拘禁せられたる犯罪者は、僅々《きんきん》六人にして特に驚くべきはかかる大商業地にも拘わらず、負債の為めに入監せるものは僅かに十八人のみなりしと。

かくの如く、犯罪の比較的に少数なる原因の中、最も大なるものは、道徳的感化力に在りて、物質上の関係にあらず。人々が肉体上の苦痛に依って犯罪を恐怖すると言わんよりは、むしろ広き意義の教育、もしくは社会道徳の洽《あまね》く行わるることに依って、犯罪を嫌忌するに至りしものなり。

オランダに於いては、負債の為めに拘禁せらるることは、再たび拭《ぬぐ》うべからざる一大恥辱なりとの観念深く人心に透徹せり。ハワードの事物を研究するや、その根底に到着せざれば止まざりしを以て、監獄視察に於いてもまたこれの如くなりき。故に彼は後オランダに於いて犯罪者の少数なりし原因を記して

提示の格言

曰く、「オランダに於いて負債者の少数なる原因は、犯罪者の少数なる原因と同じく、貧児の教育に力を用いしと、工業上の発達に注意をなせしとの二にあり」。オランダ政府は、犯罪人を外国に追放せざるが故に、男囚の多くは工場に於いて労作をなせり。男囚と同じく、女囚もまた工場に於いて紡績に服役せり。而してこの監獄に於いては、「犯罪者をして勤勉ならしめば彼等自《おのず》から善人たらん」と言う格言を掲げて、以てこれを在監者に諳誦《あんしょう》せしめたり。

当時オランダ国の刑罰

当時オランダ政府は、犯罪者の為めに、道徳宗教または教育上の訓戒を与え、犯罪者の為めに大なる注意を施したり。これに於いてか犯罪者は非常なる感化を受け、正業に勤勉するの民となりて出獄するに至れりと言う。

当時放免せられたる出獄者は、出獄後もなお能く監獄に於いて働くことを得たりき。オランダに於いては犯罪者の刑期は、犯罪の程度に依りてあるいは七年、あるいは十年、あるいは十五年、あるいは二十年、あるいは二十九年の久しき間監獄に拘禁せられたり。故に政府は長期刑の弊害より生ずる囚人の失望落胆を防御せんために、入監中正直勤勉なる囚人にはその謹慎の程度に従い、満期に至らざるも出獄し得るの道を備えたり。（仮出獄の起原）彼は道を転じ

ドイツに至る当時欧州大陸に於ける作業の方法および主義

第四旅行の結果

てドイツに至りしが、別に記すに足るべきものなかりき。欧州大陸に於いては、在監者の作業を公衆の面前に於いて為さしむる習慣あり。その理由は犯罪者なるものは、社会一般に危害を与えたるものなれば害を被むりたる社会人民の眼前に於いて、困難にして卑賤なる労働に服せしめざるべからず。而してこれが賠償をなすは、犯罪者の社会に対する義務なりと信ぜられたり。故に犯罪者は市街を掃除し、道路を普請《ふしん》し、石材を採伐し、いやしくも公の労作たるべきものは悉くこれに従事せり。労作はある程度まで有益なるものにして、犯罪者はこれに依って労働の習慣を養成し、出獄の後もこれがために自活の緒に就き、また社会一般も犯罪者の服役する作業に依りて、有益なる利得を収むるを以て、当時欧州大陸に於いては犯罪者をして公役に服せしめたり。

英国に於いては、今日といえども、犯罪者を公役業に使役するのみならず、時としては道路の修築、橋梁の架設および軍港の築造等の外役に使役するなり。思うに英国にかくの如き習慣あるは、ハワードの視察に胚胎《はいたい》するものならんか。

彼は第四旅行に於いて、大いに監獄学上の智識を拡め、而して旅行を終る

婦人の典獄「チェルムスフォード」監獄に於ける奇怪なる掲示

第五旅行その目的

や、本国に帰り、しばらくカージントンに休養し彼が視察せる監獄上の材料を整頓し、間もなく一小旅行を試みたり。この旅行中、「チェルムスフォード」監獄を見しが、奇なる哉この監獄の典獄は婦人なりき。ただにこの所のみならず「ウスター」「モンマス」「リーディング」および「ボドミン」等の諸監獄に於いても、等しく典獄は婦人なりしと言う。「チェルムスフォード」監獄には他の監獄にあり得べからざる。奇怪なる掲示ありたり。その掲示に曰く

監獄税を払う能わずんば「ガントレット」を走れ Prisoners to pay garnish, or run the Gauntlet「ガントレット」とは棍棒を持ちたる獄吏が、二列に羅列せる間を走ることにて、その間犯罪者は棍棒にて痛《い》たく打撃せらるるなり。即ち当時に於ける一種の刑罰なりき。

第五旅行　彼がこの旅行を企《くわだ》てし原因は、監獄学上の一大著述を為さんが為めに、材料の不備を憂い、更に完全なる視察をなしてこの著述に資せんが為めなりき。

彼は第四旅行の始めと同く、まずパリに到り、パリよりリヨンに進みリヨンより聖《セント》ジョセフおよびピエール・アン・オアゼの二監獄を観てジェノヴァに進

ジェノヴァの状況

負債者の見解

めり。ジェノヴァ共和国に於いては、獄中僅かに五人の囚人ありしのみ。而して負債の為めに拘禁せらるる如きものは更になかりしと言う。ジェノヴァは破産の法律すこぶる厳重にして、人もし一度破産せんが、直ちに公民権を剝奪せられ、公共の事業または官途に就くことを得ざりき。甚だしきに至りては、負債者の子にして父の負債を償却すること能わずんば、同じく公共の事業または官途に就くこと能わざりき。この法律はすこぶる苛酷なるも、その結果はすこぶる良好なりしと言う。畢竟監獄に於ける犯罪者の少数なりしも、この法律の励行に依りしや明らかなり。元来詐欺《さぎ》騙計《へんけい》は法律上これを問わずとするも、道徳上に於いては大なる罪悪なり。故に破産者を社会公共の謀反者として処遇し、人類間に於ける劣等なる者として貶謫《へんたく》せしはすこぶる面白き政策なり。いやしくも返済の見込、または意志なくして金を借らんか、これ即ち盗賊が人の金銭を盗取すると同一なるものにて、当時英国に於いては、負債者と盗賊の間別に区別を設くることなく、両者同一と認識せられたり。盗賊と負債者と異なる所は、負債者はその智識と良心を以て罪悪を為し、盗賊はこれらを用ゆることなくして罪悪を犯すのみ。人あるいは弁じて曰く負債は商業上の懸け引きよ彼が名著『監獄事情』
材料の整頓

り採用されたる一習慣にして、決して智識と良心を以て罪を犯すものにあらずと。吾人はこれに同意する能わず、いやしくも負債せんとするものは払うべき決心と返済すべき見込を有すべき筈なりとす。而して負債者の内には、その破産に至る原因往々不幸なる出来事に由るものなきにあらずといえども、負債者の内には多く返済の義務を履行する覚悟なくして借財するものあり。故に酷は即ち酷なりといえども、英国が負債者を苛酷に処遇せしは、更に採るべき理なりしと云うべからず。

第五旅行中ジェノヴァ共和国に於いては拷問の如きものなく、却って分房制行われ、これに加うるに工業と教育に在監者を改良するの一方法として採用せられ、かかる業の改良にはすこぶる看るべきものありしと言う。特にハワードの感嘆措く能わざりし所以のものは不良少年の感化事業なりき。

彼が名著『監獄事情』　彼は三年の長日月間更に倦怠の色なく、欧洲大陸の監獄を歴訪し、幾多の得易からざる材料を収集したりしが、彼ロンドンに帰るや、友人デンシャムの補助に依りて、その備忘録、訪問録、説明書ならびに統計等の材料を整理することに注意せり。而して混雑せる種々雑多の材料を整理

大家の援助

『監獄事情』世に歓迎さる

するに当たり、その間なお足らざるを発見するや、彼は直ちに馬に跨りて旅程に上れり。彼は多年収集したりし材料の整頓するや、著述上の監督は、時の大政治家にしてバークの政敵たりし博士プライスに専托せり。プライスは、当時既に知名の政治家にして、ワシントンおよびフランクリン等と善交あり。この多忙なる政治家プライスも、ハワードの真率熟誠に感憤し、彼が大著『監獄事情』の著作に助力するに至れり。しかのみならず当時の文学者にしてハワードの善友たりし博士アイキンも、また文章上の訂正につきては、有益なる援助を与えたり。この大著は、一七七六年三月、ランカシャーに於いて出版せり。一度この書の世に公にせらるるや、上は王公貴人より、下社会の有志家に至るまで、ハワードが、この書を成すに至りたる、苦心惨憺《くしんさんたん》の功績を賞賛せざるものなかりしなり。而して国会は彼に感謝状を贈り、文豪と学者は彼に賛辞を呈するに至りたり。溯《さかのぼ》りて思う時は、当時は今日と比較するに、読書社会すこぶる狭隘《きょうあい》なりしに相違なしといえども、この書はあらゆる社会の人々に閲読せられたり。由来聖人と君子とは、世に容《いれ》られずといえども、ハワードは然らず。その『監獄事情』一度び世に出でしより、彼に対する賛美の声は、制限なく与え

改善すべき事項を指示す

られたり。然らば即ち予言者必ずしも故郷に尊まれざるの理あらんや。吾人はこの書の功績を思う毎に、この書の世に出版せられたりと云わんよりはむしろ世に与えられたりと云うを以て、穏当なりと信ず。彼この書を出版するや、数多の部数を友人知己に贈与し、搗《か》て加えて著書そのものの価もすこぶる廉なりしが為に、出版原費を償うに足らざりしと云う。この書の論述する所、在監人食物の定額およびその不足、空気および水等を適当に給与すること、暗黒にして湿気を帯びたる不潔なる地下獄、監房、寝室および藁の不足、監房内設備の不整頓、地方監獄吏の圧制、不公平なる獄吏の拷問、監獄内の商買より生ずる有害なる習慣、刑事被告人と既決囚との交通および男女混同より生ずる淫褻《いんせつ》なる所為、鉄鎖の使用、「ガーニシュ」「足枷を意味するスラング」、遊戯および監獄税の廃棄等にして、彼が百五十年前に論述せしこれらの重なる改良は、今日文明各国の監獄に採用せられたり。監獄学なるものは、ハワード以前に於いては見ることを得ざりしものにして、今日やや一科の学術として発達したる斯学はその起源を彼の著述なる『監獄事情』に追究せざるべからず。然らば即ちハワードは、ただに監獄改良の開山たるのみならず、また能《よ》く監獄学の鼻祖と

ハワードとその宗教

ハワードの行為はその信仰に基づけり

その信仰

謂うべし。ああ彼の功績もまた偉大ならずや。

ハワードとその宗教　「ニアンザ」湖「ナイル川の源流ヴィクトリア湖の現地語名」の淵源なくして汪洋《おうよう》たる「ナイル」河の流れなく、日光の恩沢なくしてこの地球上に温熱あるの理なし。かくの如くハワードが偉大なる功績を奏せんが為に、万難千苦を甞むるの勇と義と忍とは、そもそも何処より発生したるやと云うに、吾人は彼が上帝に担う責任の重大なるを感じたるに、職として由らずんばあるべからざるを想うなり。彼が罪囚と病者との為に濺《そそ》ぎたる万斛《ばんこく》の汗と涙と血は、即ち彼が上帝に払う貢なりと信ぜしなり。その心事を吐露して曰く。

オオ憐み深き神なる救主《すくいぬし》よ
罪の支配恐るべき錯誤より我を救い
我をしく自由なるもとならしめ給え
我は隔意《かくい》なく汝を信ず
たとい汝に捧ぐる献物は

我が国の慈善事業は信仰を欠く

宗教的に薄弱なる慈善は永続せず

彼の宗教思想その一

価なきものなりとも
我が持つ一切《すべて》を汝に捧けて我は惜まじ

そもそも我が国に於ける既獄改良、なおこれを分拆して言う時は、これに附随して起こるべき免囚保護および不良少年感化事業等の隆々《りゅうりゅう》として栄え、饒々《じょうじょう》として成功せざる所以のものは、焔々《えんえん》として燃え、嚇々《かくかく》して照らすべき宗教熱の欠乏もしくは薄弱なるに因らずんばあるべからず。常識の教うる所、感情の燃え立つ所、暫時は斯業に同情を表し、数月もしくは数年の間、能く献身助力することあるべしといえども、彼ハワードの如く身を以て斃れ、命を賭して生涯変らざるの勇と義と忍とは、宗教の熱力と感化に依らずんば、到底能わざるを表白せずんばあるべからず。

彼が宗教思想の如何《いかん》を知ることすこぶる難しといえども、ディクソン著ハワード伝第四章に於いては、彼が欧洲大陸第三旅行中、イタリア国トリノより送りたる書信を抜萃《ばっすい》せり。その文に曰く余が南イタリアに行かずして帰途を急ぎしは熱慮の結果なり。即ち安息日を守らず好奇心を満足せしめん為に、徒らに時日を消費するは、余の智識の足らざる所たるを恐れたればなり。またこれが為に、数多の費用を費すは、余が生涯の方針と相反すればなり。而して死という問題につき静思する時は、余は余の心裡に形造るべきキリストの弟子となり得べからざるの不幸に遭遇するが故に、熱慮の末、余は南イタリアを見ずして帰れり。つらつら思うに、書画、骨董、高山、大沢、あるいは艶麗《えんれい》なる丘陵の光景等は、楽しむべきは即ち楽しむべしといえども、暫《ざん》にして消え失すべきものなり。この消え失すべきものの為に、永遠に生存すべき天国の候補者たる思想を奪わるる如きは、ああ何たる狂愚の甚だしきものぞ。我が霊魂よ、眼を放ちて前途を望め。光明、生命、および永遠変らざる慈愛の国に着眼せざる者は、いかばかり低く賤しく小なる見識ぞや。（一千七百六十九年十一月三十日トリノに於いて記す）

また彼は同じ第三旅行中、オランダの都府ハーグより送りたる書信に左の如く記せり。

上帝の造物中、我は最も卑賤にして価値なきものなりといえども、上帝の祝福は実に豊かなり。我は数日間例の如く非常なる病魔に襲われ、而して過去の我が罪悪と痴愚なりしことを深く悔改せり。而して余は余自らもまた我が最愛の一子をもすべて上帝に捧げてこの祝福を祈れり。余は前よりも更に上帝に逆うことを恐るるの精神を有せんことを希い、しかのみならずこの世を脱離し、生死の外に超然として上帝と一致和合せんことを飢え渇くが如く希《ねが》うなり。ああ人類の罪悪を贖《あがな》う上帝の恩愛は、いかばかり驚嘆すべきものなりや。余もまたこの上帝の恩愛に依って曙光《しよこう》の如く一線の希望を抱けり。ああ我が霊魂よ、上帝の慈愛に向かって叫べ。自由に裕《ゆた》かに制限なき大なる権威を有する上帝の慈愛に向かって絶叫せよ。余の如き不潔不浄なる者は、上帝の慈愛を絶叫し得らるべき者にあらざれども、余はなお上帝の愛に一任して、幽微《かすか》ながらも一閃の希望を有す。この希望あるが為に、我は楽しく何物かキリストに依れる神の愛より我等を離らする者あらんや。ああ我が霊魂

彼の偉大なるが所以

よ、汝は常に軟弱なる者なるが故に、活世界にありて働き得るよう上帝に祈願せよ。我が霊魂よ、汝この世の利達に眩惑《げんわく》せらるることなく、永劫変わらざる天上の幸福に注意せよ。死に至るまで忠実なる者の頭上に降る天の栄光を眼を挙げてこれを眺めよ。（一千七百七十年一月四日アブヴィルに於いて記す）

吾人は平素注意してハワードの性行と事業とを研究するに、彼が思想の高尚にして行為の潔白なる、容易く発見し得られざるの人傑なりとして崇拝することここに年あり。而して彼が百行の基たるべきものを探究するに、あたかも「ナイル」の大河を溯って、ニアンザの湖に至る如く、彼を感激せしめ、彼を献身せしめ、彼をして死に至るまで斯業の為に誠忠ならしめたる重なる原動力は、ナザレの神人キリスト耶蘇の愛に同化されたるが為なり。この源泉なくして彼に監獄事業たる河川なきなり。吾人は彼が性行を記述するに当たり、筆鋒《ひっぽう》端なくも彼が宗教の淵源《えんげん》に溯《さかのぼ》りたり。希《ねがわ》くは我が国の監獄事業もまたかくの如き淵源を有せんことを。

「ホーク」制度の監獄

吾人は先に米国独立戦争の端緒を陳述して、流刑執行の危険に付き述ぶる所ありしが、英国は米国に犯罪者を移殖せしむる能わざるに至り、勢いこれを英国内地に於いて拘禁するのやむを得ざるに至れり。故に犯罪者は英国いずれの監獄に於いても充溢せるを以て、これらの犯罪者を拘禁すべき新監獄を建設するや、もしくは他に良方案を案出せざるべからざるの機運に際会せり。これに於いてか「ホーク」制度 Hulk System〔監獄船制度〕なるもの起こるに至れり。

そも「ホーク」制度なる監獄は、一大老朽船を用いて、犯罪者を拘禁するの方法にして、当時の英国に於いてはやむを得ざる一制度と云うべし。この制度はすこぶる当時の刑事社会に論難せられたるものにして、ハワードの如きは自国の罪囚を海外諸国に送りて、殖民地を危害するの道理なきことを論じたり。これに於いてか彼自らもまた大いにこの姑息的監獄制度を研究するに至れり。

ウーリッジに於いて男囚を拘禁せんが為に、「ユスティティア」号はウーリッジ港に錨《いかり》を卸《おろ》せしが、この拘禁法はすこぶる不秩序にして、船内の犯罪者は放逸無頼上官の命令に服従することなく、司獄官自らもまたすこぶる圧抑《あつよく》を

その惨状

極め、吏囚の間常に争闘の絶うることあらざりき。ハワードがこの監獄船を訪問せるとき、囚人の容貌は憔悴枯稿《しょうすいここう》し、あるものは肌着を着けず、あるものは靴を穿《うが》たず、あるものは靴足袋を有せず、最も愍然《びんぜん》なる状態の裡《うち》に拘禁せられたり。しかのみならず病囚すらも寝床として臥すべきものなく、単に板片を以て作りたる台ありしのみ。かかる有様なるを以て、食物の如きは「ビスケット」の片に青き黴《かび》の生ぜるものを給し、飲料としてはただ水ありしのみ。故に死亡者すこぶる多く、船中は常に密封せられ、あたかも恐るべき地下獄の如く、一種の病毒は常に紛々《ふんぷん》たる臭気を放って訪問者を悩ましたり。この時に当たりてハワードがいかにこの監獄船の弊害を矯正せんとしたりしかは、詳に知ること能わざるも、彼はかかる恐るべき状態を、公然世に報告せずして、単に監獄内部の改良に向かって熱血を濺《そそ》ぎたりしや明らかなり。故にこの弊害の矯正につきては、彼与りて力ありしなり。

下院と「ホーク」制度

あたかも好し、下院は委員を選定して、「ホーク」制度監獄は実際永久に継続せらるべきや否やを研究し始めたり。

一七七八年四月十五日、彼は委員の質問に応じ、その自説を吐露して改良の

ハワード委員の質問に答う

持続すべき法令の発布

第六旅行

その原因

資に供せり。而して委員は彼に問うに、この「ホーク」制度、監獄は永遠継続せらるべきやの問いに対し、左の如く答えたり。

「善良なる方法と処遇とに依らば、この制度は永遠に継続するも何等の差支なかるべし」

と。委員はその旨を下院に報告し、下院はこれを嘉納《かのう》して、該制度の持続すべきことを法令を以て発布せり。

第六旅行　嘗《かつ》てハワードの主張せし監獄改良はオランダに於いて視察せる労役監の制度を採用せんとし、当時当局の人々に向い、彼の自説を主張せり。これに於いてか、政府は彼の意見を一部分採用し、この発達を図らんが為に、時の大刑法学者なる、［ウィリアム・］ブラックストンおよび［ウィリアム・］イーデンの二大著述を参酌《さんしやく》し、新監獄制度の設定に付て一法令を発布せり。前に述べしが如く、当時の監獄は一として裁判所の直轄に属せしものなく、多くは国立教会または一私人の所有に属したるが故に、特に設立せんとする新監獄は、政府直轄のものとしてやや完全に近きものを建築せんとの考案より、この事をハワードに協議せり。これに於いてか、彼はこの事業の監獄改良に於ける一新紀元を開始すべきを認め、いやしくも浮薄《ふはく》の情念と粗漏《そろう》の調査とを以て政府の諮問に答うべからざることを思惟し、直に旅装を整えてオランダに向えり。これ即ち彼の第六旅行なり。

オランダに向かう

一七七八年四月十九日、彼はヘレヴーツリュイスに上陸し、その任務を果さんが為めに、ハーグおよびアムステルダムに赴けり。この際偶然の出来事は彼の身上に起こり来れり。天は何故にこの如き大慈善家大事業家を困苦の境遇に陥らすかは、吾人が明答し能わざる所なり。

負傷

その出来事とは何ぞや。彼はある時市中を徒歩せるが、荷車を挽《ひ》ける馬はいかなる機会なりしか、非常に驚き車を挽きつつ市街を狂奔せり。然るに不幸なる哉、ハワードはこの奔馬の為めに礫を積める場所に蹴倒せられ、腹部を痛く打撃せられたるが故に、数日間は動くこと能わざる程に負傷せり。

彼は大負傷の後、直にハーグに送られ、激熱の為に一時は回復すること能わざる程に悩めり。彼一室に閑居したる時、心裡に起こり来る感情を備忘録に記すことを以て習慣と為せしが、彼はこの激症の時さえも、後世の人々をして一読するに足る精神的歴史を記録せり。今その二、三を摘録せば左の如し。

ハワード病床にありて上帝の助けを希う

ハワードと上帝

五月十一日……ああ上帝はこの苦痛に依りて余に最良の教訓を与え給えり。余は健康慰楽愉快の何時までも依頼すべからざることを感じたり。余惟《おも》うに万物の淵源は上帝の掌中にあり。何為れぞ余はかくの如き痛苦惨憺《つうくさんたん》たる夜を過ごすことよ。余もし一たび治癒するに至らば、余は更に天祐の厚きに感激し、更に他人に対して同情の念を保ち、前よりも一層熱心に上帝にこの身を献ぜん。

十三日……余は徹宵苦痛の為めに眠ること能わず。余が生命は余に取りてはあたかも堪え難き重荷なるが如し。希わくは上帝余を助けよ。

十四日……今宵余が熱度は平常の如くにして苦痛はすこぶる減少せり。余は二時間安眠し得たることを上常に感謝す。回顧するに過きにし十六日間に余が睡眠せしものは僅かに四時間のみなりき。上帝よ爾はすべて爾の為す所に於いて正しく、すべて爾の事業に於いて神聖なり。余がこの苦痛を聖めて何処に至るも爾《なんじ》と余と共なることを示し給え。而してあたかも七度精練されたる白銀の如くにして、余を試錬の中より救出し給え。

十六日……昨夜は一層静かにして熱度もまた低かりき。されども暁明に至るまで苦痛は甚だしかりき。上帝もし余を回復せしめて希望の日に遭遇せしめば、余は謙遜にして慈哀の日を経過したることを忘れざるべし。余はこの痛苦に依りて嘗て学びたる所よりもなお多くのことを学びたり。これに於いてか余は上帝を讃美すべきを知るなり。

刑事的警察制度の進歩

この日より彼はやや快方に向い、十日の後に至りては歩行し得るに至れり。愈、快復するに従い、オランダに来りたる目的を達せん為めに、同国に於ける重なる都府を悉く歴訪し、彼の満足する程に監獄の状態を研究せり。而していずれの都府も警察御度、殊に刑事的警察の英国よりも数等進歩したるを実見せり。

而して犯罪者の数もすこぶる僅少《きんしょう》にして、ある県に於いては死刑の如きは十四年間更に一人たもなかりしと云う、彼は旅程を進めてオスナブルグおよびハノーヴアーを経てドイツに進入せり。

ベルリン監獄の進歩

当時ベルリンの諸監獄は比較的に進歩し、監内の清潔、空気の流通および食物の改良等の如きはすこぶる見るべきものありたりと云う。しかのみならず在

教誨および作業の整備
ハインリヒ王に謁す
刑具「ダッキング・ストール」

監者を教誨するの途備わり、不完全ながらも作業の如きものありて、ドイツ連邦中一歩を駕せり。彼ドイツに滞在せることとき、ハインリヒ王［ハインリヒ・フォン・プロイセン。正確には王子。フリードリヒ・ヴィルヘルム一世の六男、フリードリヒ二世の弟］の招待に与り、帝王と約ね十分間懇談するの栄誉を得たり。王は彼の事業を賞賛して曰く

「朕は君が経歴せる困難なる旅行よりもなお困難なる旅行をなせしものあるを知らず。君の目的は偉大にして且つ仁愛に充てり」

と。彼はこの勅語に接して、感喜措く能わざるものありしとは、友人に送りたる書簡に依りて明らかなり。

彼の旅行順序は、ベルリンよりシュパンダウ、シュパンダウよりドレスデン、ドレスデンよりウィーンに達せり。彼のウィーン滞在中は、数多の寺院および救貧院等を視察せり。而してその組織の進歩したるは、賞賛すべきもの多かりしと云う。

彼がウィーンのある監獄を視察せる時に、「ダッキング・ストール」Ducking Stool という刑罰に処せられたる囚人ありき。この刑罰は不正直なる

マリア・テレジアに謁す

トリエステの監獄

商人、または放逸なる婦女子を罰す。その刑具はドナウ河畔に据附られたり。而してその構造は、陸上より結桿《ハツルベ》の如きものを仕組みて、長き棒を水面に突出し、その棒端に強き縄もしくは鎖を結び付け、縄の端に椅子もしくは籃の如きものを附着し、受刑者をしてこの内に端坐《たんざ》せしめて、水中に沈むるの仕掛なり。彼の眼中には、この刑罰すこぶる奇異に感せられしと見え、その書中にこの事を特に記せり。

ハワードのウィーン滞在中、監獄改良には縁故の浅からざる女王マリア・テレジアに拝謁し、女王より陪食を仰付けられたり。而して彼は女王に監獄の改良せざるべからざることを説けり。彼はウィーンよりダルマチアに進み、この地に於ける首府トリエステの監獄には作業の設備ありて、在監人は毎日十時間の労役に服従せるを見たり。在監人は身体健康にして、而もその装や清潔なりき。而して彼等が受くる一日の給与工銭は三「ファージング」にして愉快に服従せるを目撃せり。

この監獄を視察し終るや、彼はイタリア国ヴェネチアに向かって出発せり。而してヴェネチアよりフィレンツェ、フィレンツェよりローマに進めり。ロー

宗教裁判所

聖「ミカエル」少年感化監獄（サン・ミケーレ感化院）

その記事

マに至るや、その有名なる宗教裁判所を観んことを欲して、熱心その手蔓を求めたりといえども、遂に観ることを得ざりき。

彼のローマに在るや、官報に依りて宗教裁判所の実況をやや研究せしも、遂にその内部の状態を知ること能わずして、止みたりしは、遺憾の極なりしと云う。

彼は一方に於いては宗教裁判所を視察し能わざるの不利益ありしも、更に眼を転して他方を見るときは、その監獄沿革史上特筆大書すべき「セント・ミカエル」少年感化監獄［サン・ミケーレ感化院］を見るの栄を得たり。この監獄は一七〇四年クレメンス十一世（法王）の建設せる所にして、現今最も進歩せる監獄制度はこの中に包含せられたるを見る。彼がこの監獄に付き記せる所を摘録せば左の如し。

「セント・ミカエル」感化監獄は、高尚且つ宏大なる建造物にして、前後ほとんど三百「ヤード」の長あり。而して周囲を囲むに建造物を以てし、その中央は中庭となし而して中庭の内には、最も広き三側面を有する建物あり。

当時ローマの死刑執行法

伊国人の天性

死刑執行法

この内には種々なる製造品および美術品を装置せり。在監者は概ね孤児および貧児にして、皆いずれも適当の教育を施さる。余が訪問せし時の在監者はおよそ二百名にして、彼等は彼等の天性脳力に随いて各異なりたる教育を受けつつありき。あるいは活版術、あるいは書籍を綴《つづ》ること、あるいは図案、あるいは鍛冶、あるいは裁縫、あるいは靴、散髪、織物、および染物等の作業に従事せり。而して彼等二十歳に達せば、即ち彼等の卒業期にして、既に修得せる職業を以て相当の工銭を受くることを得たりと。これ即ち「オーバーン」調度の起原なり。

当時ローマの死刑執行法　ローマに於いては、伊国中他の都府に於けるが如く、公然死刑を執行すること甚だ稀なりき。元来伊国人はこれを英国人に比するに、その性情甚だしく感情的にして、殺伐を嗜《たしな》むの天性を有せり。然るにこの殺伐なる伊人に於いて死刑の稀《まれ》なりしことは、すこぶる不可思議と云わざるべからず。会ローマに於いて死刑を執行することあらば、荘厳なる儀式を行う為に当時の最も勢力ある宗派より出張してこれを行うを常とせり。「洗礼者

一七七八年帰国す

ヨハネ信心会」派の「コンフタラニタ・デーラ・ミゼルコルデア（慈愛の兄弟なる意義）に依って、死刑を執行せられたり。而してこの派はローマの名門よりほとんど七十人を選出して、その儀式を執行するものなり。既に古よりこの組織ありて「サン・ジュバンニ・バチスタ・デコラート」教会は、一四五〇年にこの宗派に属せり。而して若も男囚死刑に処せらるる時は、この派の長老の一人もしくは二人か夜中監房に囚人を訪問し、死刑の宣告を通知し、珍味を以て彼を慰め、後その罪悪を懺悔せしめ、死刑執行の時までは犯罪者と共に居るを以て例とせり。いよいよ死刑執行の日来るや、該宗派の人々は、挙《こぞ》って白衣を纏《まと》い、刑場に臨むに荘厳なる行列をなし、而して死刑の終るまでその場に止まり、死刑終るや彼等は各帰宅し、受刑者の屍は断頭場裏に夜に至るまで置かれ、而してこの宗派中の一人（通常は王の子）屍体を収めて、埋葬せん為に選定せる立派なる墓地に葬るなり。（政教混合なり）。

ハワード、ローマを視察したる後はミラノに行けり。彼の記録せる所に拠れば、大いにミラノ監獄制度を賞賛したるが如し。ミラノより二回スイスに入り、同国の監獄事情を精察し、一七七八年の末英国に帰れり。

第七旅行
一七七九年

最も長き旅行

調査の結果

この第六旅行中彼が跋渉《ばつしよう》したりし行程は、およそ四万六千マイルなりしと云う。

彼仏国を横過して英国に帰らんとするや、その途次英仏戦争中生擒せられたる捕虜の為に、大いに尽力する所ありたり。

彼は捕虜を放免せんが為に熱心尽力したる後、その最愛の一子と共に「クリスマス」を祝せんが為に、カージントンの別邸に帰れり。「クリスマス」の祝会終るや、直ちに行李《こうり》を整えて再び監獄視察の途に上れり。これ即ち第七旅行なりとす。

第七旅行　彼が幾多の旅行中最も長き旅行の一にして、これが為に、一七七九年一月より十一月までの時日を消費せり。而してその歴訪せる所はイングランド、スコットランド、アイルランドの三ヶ国なり。この行程六万九百九十マイルの長きに達し、その研究の結果は同年末日に於いて、これを世に公にせり。而して概して言うときは、監獄の悪弊害は依然として行われたりしといえども、彼が唱道したる改良的一部分は確かに行われたりしを見て、不完全の中にもなお欣喜雀躍《きんきじやくやく》せりと云う。而して彼が斯道改良の為に日

英国の二大監獄建設の法令

夜尽力せる結果政府部内の立法官は彼の熱心に励まされ、監獄改良の一部に貢献せんが為にここに二個の新監獄を建設せんことを企図せり。この二大新監獄 Penitentiaries はミドルセックス、サリー、ケントまたはエセックスのいずれにか建設すべしとの法令なりき。

監督長官の任を受けざる所以の一

政府はもとより新経営の監獄を監督せしめんには、ハワードを任命せんと欲せしが、彼はこの任命に与るを屑《いさぎよし》とせざりき。その理由として彼は二、三を陳述せり。第一の困難は

余がこの職に就くを以て屑とせざるは、元来政府の事業は何事に係らず、任命を以てするものなるが故に、衷心喜悦《ちゅうしんきえつ》の情に溢れて為さず。これを以てその効果の如きはすこぶる薄弱なり。一種の監獄改良家たるものは、罪囚を改良するに方り、政府の威厳を仮《か》り来りて感化の実を挙げんとすといえども、余はむしろこれを失わんことを恐るればなり。

この困難は、彼の親友なる時の大刑法学者ウィリアム・ブラックストンに依

りて調停せられたり。ブ氏はこの新事業に就いての主唱者なるのみならず、また非常なる熱心家の一人なりき。彼はハワードに契約して曰く、ひとたびこの職に就かば、将来の方針と方法とはただ汝の掌中に一任すべしと。

その二

第二の困難はかかる事業の為に二人の補助者を得ることとなり。その補助者の一人は、博士［ジョン・］フォザーギルにして、他の一人は拾児院《ファンドリング・ホスピタル》の会計長［ジョージ・］ホイットリーなりき。

その三

第二の困難なる人物撰択も容易く終りたるが、更に第三の困難は生じ来れり。彼はこの困難につき述べて曰く

およそ官吏に一度任命せられなば、相当の俸給を受くべきなり。然るに余の志望は全くこれと反対せり。余常に謂らくいやしくも人道《ヒューマニチー》擁護の為に尽す事業に金銭を以て酬いらるるが如きは、甚だしき不敬と謂わざるべからず。余もしこの所信を貫徹しなば、後世数多の余が如き人物輩出するを得ん。故に俸給を以て酬いらるるが如き事業に関係するは、余の屑とせざる所なり

監督長官の任を辞す

第八旅行　一七八一年　ブレーメンの乞食収容院

と。以上述べたるが如く、新監獄建設に付きての任命は、彼の快く受くる能わざる所なりしが、友人ブラックストンの尽力に依り、遂にこの大任を受くることとはなれり。然れども選任委員の間に於いて意見の衝突せるが為に、彼は遂にこの栄職を辞するのやむべからざるに至れり。

　意見の衝突とは何ぞ、土地選定の問題なりき。土地選定に付きては、ハワード異論を唱えしより、政府委員の中に於いても説二派に分かれ、ブラックストンの如きはハワードの意見を是認して大いにその説を賛成せり。然るに不幸なる哉、異論紛紛として決せざるに際し、勢力あるブ氏死去せるを以て、彼も遂にその説を実行する能わずして止みにき。これに於いてか、長文の辞表を提出して、その職を去れり。彼その職を去るや、直ちに監獄視察の行程に上れり。これ即ち一七八一年五月なりき。

第八旅行　彼は直ちに旅程をオランダに進め、ロッテルダムを経て、ブレーメンに至れり。当時ブレーメンの監獄事業は他と比較してやや進歩せるが故に、二十五年の久しき一人の死刑執行者無かりしと云う。ハワードの監獄を視察したりし時は、その監房に於いて一人の囚人をも見ざりき。想うにブレーメ

犯罪者の卵子

露国に入る

ンに於いては、監獄事業よりはむしろ予防事業の進歩せるが為に、犯罪者を出さざりしならん。斯道に従事する者は須らく一考を要すべきことなり。

ブレーメンの乞食収容院は、彼が視察中最も興味を以て研究したるものにして、該院は彼がかつてアバディーンに於いて視察したる授職学校とややその組織を同じうし、市街を彷徨《ほうこう》する乞食およびこれに類する浮浪の少年を教育したり。当時の調査に依れば、ブレーメンに於いてはこの慈善院設置せられてより以来は、市内の風俗頓《とみ》に一変したり。収容院の設立以前にありては、乞丐《こつがい》到る処に群集せしが、ハワードが視察せし当時はその片影だに認る能わざりしと云う。乞食は即ち犯罪者の卵子にして、この如き浮浪徒を処分せずんば、国家は将来に於いて大害を蒙《こうむ》るべし。

ハワードの視察によれば、当時この慈善院にありし乞食の数はおよそ二百有余人にして、その年齢は六歳より九歳未満のものなりしと云う。

彼はブレーメンよりコペンハーゲンに到り、親しくスウェーデンの監獄制度を研究し、更に進んで露国に入れり。彼の名誉は当時世界に知られたりしが故に到る処に於いて歓迎を受け、為に監獄視察の時間を妨害せられしこと夥《おびただ》きを

勅命に応せず

露国の慈善家ブルカーゴーに会う

以て、いずれの都府に入るにも微行するを常とせり。サンクトペテルブルクに到りしも、同しく微行せしか、疾くも警察官の探知する所となり、旅館に到着するや否や、露国皇帝陛下の勅使は直ちに彼を訪問せり。

勅使彼に諭して曰く、「我皇帝陛下汝を召す。恭《うやうや》しくその好意を了せよ」と。彼端然として答えて曰く、「余の露都を訪問せるは、捕虜および罪囚をその監獄に慰めんが為なり。王宮ならびに貴顕紳士を訪問するが如きは余の目的にあらず。余がこの地にあるは僅々数日のみ、余は帝王に謁する暇無きを恐る。君願くばこの意を了して帝王に告げよ」と。

彼が露都に止まりたる間は、捕虜および在監人をその監房に訪い、傍ら露国の刑法、刑具および教育と慈善等に関係せる事業を研究せり。而して当時露国に於いて最も有名なりし一大慈善家ブルガーコーと面晤《めんご》せり。ブルガーコーは寛仁大度の君子にして、大いに慈善事業に尽力せり。これを以て露国人はその慈善を徳として、その功績を彰表せん為に純金の勲章を贈れり。然るにブルガーコーは固くこれを辞して曰く、「余の慈善事業や誠に渺《びょう》たるものにて、その慈善は単に我が国人は止まるのみ。他に全世界の為に広大無辺の慈善事業を

勲章を贈る
帰国
ドイツの奇事

なせしものあり。彼は既に無限の困苦辛酸を嘗めて、以てその博愛心を全世界に及ぼせり。余の見る所を以てすれば、慈善界に於ける最も優れたるものは恐らくは彼一人ならん。余は今諸君の贈りたる純金の勲章を慈善の大王たる彼に捧呈せんとす」と。而してブ氏はその言の如くせり。ブ氏のいわゆる彼とは誰ぞや。監獄改良の泰山ジョン・ハワードその人にてありたり。

ハワードは露国に於いて監獄事業を精察したる後、オランダに赴きて英国に帰れり。その途中ドイツのその処に於いて一奇談ありたり。ハワードは帰英の途次《とじ》、某場所に於いてドイツ皇帝陛下の御用を達する為の公用馬車に逢えり。当時の習慣として、狭隘なる道路に於いて、両者互いに邂逅《かいこう》したるときは、先に喇叭を吹きたるものが通過して、後れて吹きたるものが避譲《ひじょう》すべきを礼とせり。然るにハワードはこの時馬車を駈《か》りて帰国を急ぎ居りしが、途に公用馬車に出逢えり。これを以てハワード先に喇叭《らっぱ》を吹きたりしが為に、公用馬車避譲すべき筈なるに、御者は皇帝の権威を頼み、ハワードをして避譲ぜしめんとせり。然るにハワードは避譲すべき理なきを以て頑として動かざりき。互いに争論の末ハワードはその強健なる意思を以て王使を説服し、難無くその場を通過したるが如きはまた以てハワードが自信力の強きを見るに足るべし。
ハワード露国より帰りたる後は、家事を整理せん為に、多少の時日を費したる後、一七八二年第九旅行を企るに至れり。

第九旅行
一七八二年

第九旅行　彼はイングランド、スコットランド、アイルランドの内地旅行をなし、ほとんど一年の間一日も懈怠なく、視察を遂げ、同年十二月三十日「フリート」監獄の訪問を以て、第九旅行を終えたり。
一七八二年は内地旅行の為に全くその時を費し、その翌年即ち一七八三年十二月二十五日の「クリスマス」は、彼が最愛の故郷カージントンに於いて守り、後間もなく冒険の道程に上れり。蓋しスペインおよびポルトガルは監獄の程度すこぶる低く、罪囚は暗憺たる牢獄の裏に悲哀の声を放ちたりしが為に、即ちこの旅行を企図するに至れり。

第十旅行
一七八四年
宗教裁判所を見る

第十旅行　ハワードは一七八四年一月三十一日を以て発程せり。この旅行の殊に彼に満足を与えたるものは、スペインに於いて宗教裁判所《インクイジーション》を視たる事なりき。宗教裁判所を視察せんとするは、彼の宿志《しゆくし》にして、彼曩《さ》きにローマに於いてこれを見んと欲して失敗し、すこぶる遺憾とせしが、今や宿志を達するを得

スペインの慈善事業「マイソン・デ・フォース」監獄を視る

『監獄事情』第二附録

大望心

て、欣喜措く能わざるものありたるが如し。而してスペインの監獄事業は、弊害すこぶる多かりしといえども、慈善事業に至りては、当時の各国に比し優に一儔《いちじゆう》を抜けりという。

彼はポルトガルおよびスペインの諸監獄を視察したる後、ベルギー国ゲントに往き、当時欧洲の模範監獄と称せらたる「マイソン・デー・フォース」監獄を見しが、彼が二年前賞賛したるこの監獄は、今や変じて非常なる衰態《すいたい》を呈するに至れり。彼はその模範監獄の紀律、衛生および作業の衰頽したるを見て、斯業の為に一滴の紅涙を濺《そそ》ぎたりと云う。

彼はこの年の六月に帰国したりしが、直ちに内国視察を始め、その年の暮に於いて、その視察の結果を彼が名著『監獄事情』の第二附録として出版せり。彼はその著述と視察等に依りて、欧洲各国の人々にその名を知られたるが故に、大抵の人ならんには、彼の小楽園なるカージントンに帰り彼が設立せる学校および貸屋等を管理して、親戚、朋友および小作人等と余命を楽しく送りたりしならん。されども、彼は生来一大偉人の資格を備えたりしが為めに容易にその大望心《アンビション》を放擲《ほうてき》することなかりき。実に彼が生涯は一難を排して、更に他の一難を歓迎するが如き有様なりしなり。

オランダの奇事

第十旅行中オランダに於いて一奇話あり。オランダ旅行の途次、ある渡船場に於いて一紳士が年若き美婦人を伴いて、旅行せるものに邂逅せり。ハワード熟々その婦人を見るに、前妻ヘンリエッタの面貌に酷似せる点多かりければ、彼は前妻の蘇生せるにあらざるなきを得んやとの妄想を懐《いだ》き、己が同伴の義僕をしてその紳士に問わしめて曰く、「貴婦人は貴下とは何等の関係ありや」と、その答に曰く「これ余が近来娶《めと》りたる所の妻なり」と。ハワードこれを聞くや、恍然自失《こうぜんじしつ》の体ありしと、また以て一笑するに価ありと謂うべし。

第十一旅行
一七八五年

第十一旅行　一七八五年ハワードは前に述べたるが如く、十回の旅行を重ね、欧洲各国の監獄事情は細大漏らすことなくこれを調査し、彼の監獄事情の如き有益なる著述を為し、筆紙を以て顕すこと能わざる程の偉勲を奏せしが、彼の大望心はこれを以て満足すること能わず、更に進みて他の方面なる一大困厄《こんやく》に向わんとせり。これ即ち疫病《えきびょう》視察の壮挙にてありき。

疫病視察

そもそも彼が疫病撲滅に力を致したる所以のものは、彼思えらく人生の最大不幸は、罪悪を犯して繫獄せらるることと、衛生の法則に違うて大患に罹ることとこれなり。およそ人生

二大強敵

疾病観察の結果

コンスタンチノープルの美談

の幸福を減殺するものは罪悪と、疾病の二ならざるべからず。畢竟宗教の必要なるも、衛生の欠くべからざるも、この二大強敵に当らんが為めの方法に過ぎず。いやしくも人類としてこの世に存在して、事業をなさんと欲せば、精神の健康を維持する宗教は素より必要なりといえども、肉体の健全を保持する衛生もまた欠くべからざるものなり。世の中に「貧程渋面きものはなし」といえども、貧よりも更に渋面きものは、大志を齎《もた》らしてこの世を去らざるべからざるの病者なり。故に我等はハワードが疾病視察の途に上るに付き、吾人の心意に銘刻して忘るべからざるものは、即ち健康体の必要なることこれなり。我等司獄の衝に当るべきものは、精神の健全と、肉体の健全を維持することは、監獄事業を完成すべき二大要素として、須臾《しゅゆ》も忘るべからざるものなり。

彼はこの疾病視察に於いては、トルコおよびその隣国に於ける港湾を精察したり。当時は外国人をして、自国の検疫所を視察せしめ、避病院に入らしむるが如きは、政府の最厳禁せし所なりしも、彼は万難を排して、いずれの検疫所をも見ることを得たり。この視察の結果として、一冊の書籍は『監獄事情』と共に出版せられたり。この旅行中トルコ都コンスタンチノープルに於いて貴顕の愛嬢を治癒したり。

この十一旅行の途次ハワード、コンスタンチノープルに至るや、会々貴族の愛嬢大患に罹り、死に瀕せしがハワードの医術に長ぜりとの噂を聞きて、その治療を請えり。これに於いてかハワードその需に応じて投薬せしが、幸に病者は治癒することを得たり。貴族の挙家《きよか》喜ぶこと甚だしく、愛嬢の厳父は欣喜措く能わず、九千ドルの大金を携えて、ハワードが宿所に来り謝意を表せり。ハワードこれを固辞して曰く、余は謝礼を得んが為めに人の生命を救わずと。然れども貴族は強いてこれを与えんとしたりしかば、ハワードは貴族に謂て曰く、「足下もし強いて余に謝意を表せさればば心平かならずとせば、請う余に葡萄《ぶどう》の一房を贈れ。然らば余は快くこれを受けん」と。これ彼がその家に赴きし時、庭園に葡萄の果の熟せるを見たるが為めなり。貴族はその意を了して帰りハワードが同地に滞在中は、最佳美なる葡萄を贈りて感謝の意を表せりと云う。

帰国

彼は幾多の辛酸を嘗めて、一七八七年二月初旬に帰国せり。而して彼が最愛のカージントンに着するや否や、一大悲報に接せり。即ち最も親愛の一子ジャックの発狂せしことなり。

一七八七年
最愛の子発狂す

彼の生活は旅行に依りてその大半を費消せられ、家に在ること少なきを以て一子ジャックは家庭の教育全きを得ず、父の不在勝なるを以て、常にカージントンよりロンドンに赴き、放蕩に時を消費せる結果として黴毒《ばいどく》に感染し、遂にこれが為めに神経の中枢を侵害せられて発狂するに至り、癲狂院《てんきょういん》に送られたりという。

当時ハワードの境遇や、実に同情に堪えざるものあり。即ち外は監獄改良の大任を帯びて東奔西馳席未だ暖なるに遑《いとま》あらず、内は最愛のジャック発狂するあり。いわゆる内憂外患交々至るの境遇にして、志士の心情洞察するに余ありと云うべし。

寄付金の処分

彼がカージントンに滞在中は、彼の友人等が募集したりし寄付金の処分に付苦心せり。彼はこれをいかに処分せしが、知己友人に向かっては、爾来決して我が名義を以て寄付金を募集すべからずと厳禁し、他に於いてはこの募集せし寄付金の総額千五百五十三ポンド十三シリング六ペンスを三分して、その一を寄付者に返戻し、その一を以て五十五人の負債者を繋獄の苦より救い、而してその一部分は委員を選定して、これが利殖の途を謀れり。現今ロンドンに於ける聖「パウロ」寺院にハワードの肖像を建設せしは、即ちこの金を以てせりと云う。

既に募集の処分終るや英国監獄巡視の途に上れり。これ即ち第十二旅行なり。この旅行は十八ヶ月を費したりと云う。

第六章　ハワードの殉死

決別
財産処分
離別の辞一
その二

訣別　彼は最後の旅行を企つるに当たりてや、再び生きて故国に帰り来らざるの決心なるが故に、まずその財産の処分に着手し、最愛の小作人と告別するや、離別の情綿々として絶えざりしと云う。彼は離別に臨み一友に告げて曰く

余は今地中海岸に沿える国およびその他の諸国に向かって出発せんとす。余は過去の旅行に於いてしばしば危険の場所に臨みたりといえども、故山に帰り来りて骨を埋めんと思いたりしこと更に無かりき。かくもしかくの如き思想を懐きたらんには、喜び帰りて故園に安眠を貪りしならん

と。また彼は他の友人に告げて曰く

君よ、君は再び余を見ることはなかるべし。されども我が将来は我為さんと

する所に任せよ。余は余が骸骨をトルコ、エジプトおよび、小アジアおよびその他の国に於いて曝《さら》すことあるも、焉《いずくん》ぞ我関する所ならんや。余はすこぶる薄弱なりといえども、余が企図は仁愛深き上帝の摂理に依るものにて、上帝の摂理は余をして聖意に叶う計画を我が心裏に起さしむるものなり

と。彼はまた他の友人に謂いて曰く

その三

「我等は直ちに天に於いて相会することを得ん」

と。彼がこの行は、再び生きて帰るの望みなきを以て、しばし沈黙せしが再び口を開きて曰く

その四

「カイロより天に達するの道は、ロンドンより天に達するの道と同距離なり」

と。離別の情を叙する内にも彼はアイキン博士とは、また格別なりしと云う。後アイキン博士はハワードがその知己友人等と告別せし状態を叙して曰く

離別の状況

ハワードは彼が常に最も親しみ最も尊敬せる大政治家プライスと別るるや、その状最も悲哀にしてこれを傍観するものすら痛心に堪えざるものあり。プ

ライスは年と共に衰え、ハワードは今や将に大冒険の途に上らんとす。二人相別れんか。彼等は再び地上に於いて相見るの期なきを以て、告別の情綿々として絶えず。定めて読者はこの二大偉人が、相抱擁する有様に感動し、而して変らざる友情と、悲哀なる告別と、堅忍不抜の精神と、キリスト教的謙遜の情とは、互いに相混して、両偉人より顕わるるを見るならんと。ハワードが最後の告別に臨み、親友知己と永別を告げたりし状態は、博士アイキンが言いし如く、実に慈痛惨憺たるものありしや明らかなりと謂うべし。

最後の旅行即ち第十三旅行

最後旅行（十三回）一七八九年

かくしてハワードは、一七八九年七月五日第十三旅行即ち最後の旅程に上れり。この旅行に於いて彼が取りたりし行途は、アムステルダムよりドイツを横過して露国リガに達し、リガを経てクリミアの近傍ヘルソンに至れり。当時露国に於いてはスルタンとオートクラットの間に、一大激戦あり［露土戦争（一七八七～一七九一）。イスラム教君主国と専制君主国の戦い、の意］。この戦争の為めに疫病流行し、ヘルソンを距る

疫病の流行

貴婦人を診察す
疫病に感染す
病状の日記

二十四マイルの所に住屋せる一貴婦人はこの疫病の冒す所となり、熱度甚だ高かりしが、彼がこの貴婦人の友人を治癒せしめたる名声四方に伝わりしを以て、貴婦人はまたハワードの診断に与らんことを熱望せり。これに於いてか、彼はその志望に添わんが為めに、貴婦人を診察せり。悲哉ハワードは熱病の感染する所となり、再び起つこと能わざるに至れり。

一七九一年一月十五日ハワードは左の語を病床日誌に記せり。

我は現在の苦痛を悲しまず、また将来に於けるこの困苦を意に介せず、この世界は我の限りなく住まう所にあらず、我この世界に存するはあたかも旅客が客舎に一夜の夢を結ぶが如し。我は我が生涯に上帝の為し賜える事を深く鑒《かんがみ》るが故に、その大能と慈愛とに一任す。上帝の約束と恩恵は、常に我を鼓舞奨励したればなり。我は弱く且つ卑し、されど我は正義の道を歩み、動もすれば怠らんとすといえども、主キリストと上帝に依りて勇進せんと欲す。ああ我が霊魂よ、いかばかり上帝は我に慰安を与え、いかばかりその必要に応じて、恩恵を垂れ賜いしかを記憶せよ。

プ氏の訪問

二十日早朝、その親友水師提督《アドミラル》プリーストマン訪問す。ハワード病蓐《びょうじょく》に在るや、死期の将《まさ》に近きを自覚したるが故に、相貌やや打ち沈みたる有様なりしを以て、プリーストマンはハワードを慰めんと欲して、ハワードに謂うて曰く、「余の見る所を以てすれば、君少しく幽鬱せるが如し。然れども鬱情は君の気象としてこれを排除し得ん」と。ハワード怫然《ふつぜん》として答えて曰く、「君はこれを以て一の馬鹿らしき話と為し、死という観念より我を他に転ぜしめんとし給うか。余はこの点に関して君と異りたる感覚を有せり。死は我恐るる所にあらず、我もし死を賭すること一の快楽たらずとするも我は常に愉快を以てこれに向わん。而して仮令《たとい》我死に遭うとも我は感謝してこれを迎えん」と。彼また遺言を為して曰く

遺言

ドーフィネ村に近き所に一小空地ありて、我が遺骨を収むる最も適したる所なりとは、我しばしば語りたるが如し。我は彼の一小空地に眠らんと欲す。故に我は我が知己として君に願う。希わくは我葬式に華美を尽すことなく、

キリストは我が希望なり

永眠

彼が墳墓

国葬

また彼処に我の眠れることを世に知らしめんが為めに、紀念物または碑文の如きものを建つることなく、我をして静かに遺骸を彼の所に横えしめ而して我墳墓の地には日時計を置き、世をして我を忘れしめよ

と。また曰く「我墓標に記さんと欲せば、『キリストは我が望みなり』Christ is my hope との一語を記せよ」と。この如く、彼は二個の遺言を与えて、一七九一年一月二十日午前八時溘焉《こうえん》長逝《ちょうせい》せり。

彼が瞑目《めいもく》せる地は、露国クリミアの近傍なるヘルソンにてありき。

彼が訃音一度欧洲大陸に達するや、生前の親戚、知己、罪囚、病者、王侯、貴人および農夫に至るまで、声を放ってその瞑目を悲まざるものなかりしと云う。特に露国人には最も深き感動を与えしなり。蓋し彼は英国人なるにも拘わらず、彼が墳墓の地を露国に選定したるの一事は、露国人をして感嘆措く能わざらしめたり。これを以て彼は国葬 Public funeral を以て葬られたり。而して会葬せし人々は、上はモルダヴィア王［モルダヴィア公国（現モルドバの君

徳不孤必有隣
記念碑

主）公爵」、水師提督プリーストマン、同モードヴィノフ、文官、武官、商人、兵士および農夫等にして、朝野の人士を網羅せり。而して彼の死は時の官報を以て報告せられたりと云う、一私人の死を官報に登載することは、露国に於いては空前絶後の異例にして、また以て彼が感化力の偉大なりしを知るに足るべし。彼は生前紀念碑を立つることを以て、最も忌むべき事と為し、自らその徳を蔽《おお》わんが為めに運動を停止したりしことは、前既に言えるが如し。然れども徳不孤必有隣「『論語』の一節。徳は孤ならず必ず隣有り」との金言に洩れずして、後世彼が犠牲献身の働に感激したりし有志家は、彼の為めに一大紀念碑をロンドン聖「パウロ」寺院に建設して、その偉勲を後世に伝えたり。その碑文に曰く

かかる偉人は、その高尚なる徳に依りて、生前既に名誉を得るの幸福を有し、イングランド、アイルランド両国より感謝の辞を得たり。何となれば、彼は彼の故国および人類の為めに尽瘁する所多かりければなり。

英国の病院および監獄は、彼の聡明なる智識に依りて改良せられ、彼の判断

力の確かなる証拠を顕わし、而して彼は文明各国の賞讃する所と為れり。彼が憐むべき人々を救護せんと欲して旅行せる国に於いては、上は高貴なる帝王より、下は不潔なる地下獄に至るまで、彼の名は尊敬、感謝、驚嘆を以て記臆せらる。

今やこの紀念碑を建つるに当たり、社会が一般に記臆する、彼が終世の偉勲を記載することを止むべし。

彼は一七二六年九月二日、ミドルセックス州ハックニーに生まれたり。彼の青年時期は、多くは退隠して父の住居たりし、ベッドフォードシャーなるカージントンに住みたり。彼は一七七三年同郡郡吏長官の栄職に就けり。彼は一七九一年一月二十日露国ヘルソンに於いて瞑目せり。彼は疫病の原因を探求し、効力ある治術を発見せんとし、危嶮《きけん》にしてしかも慈善的計画を遂行せんと欲して非命に斃れたり。

彼はキリスト教徒の一刻も休止せざる慈善を遂行せんが為めに、人類として駢馳《へんち》し能わざる公道を永遠に向かって歩めり。

彼の名誉の為に捧ぐるこの賞讃は、果たして彼の真実にして栄誉ある功績に対し、彼と競争し得るものを顕出せしめ能うや。

一七〇四年法皇クレメンス第十一世聖「ミカエル」感化監獄を建設す

罪囚改良の基礎その根本的二大主張

監獄の額面

第七章　拘禁制度の発達　The Development of the Penitentiary System

聖「ミカエル」少年感化監獄　一七〇四年即第十八世紀の初めに於いて、法皇クレメンス第十一世は、ローマに於いて聖「ミカエル」少年感化監獄を起し、現今のいわゆる「オーバーン」制度と同主義に拠りて罪囚改良に一新機軸を開けり。而して法皇クレメンス第十一世の実施したる根本的二大主義とも云うべきは、教育と授職の二なりき。左の二文章は額面として監内に掲載せられたるものなり。

法皇クレメンス第十一世は不良少年改良教育の目的を抱いてここに感化監獄を起こす。犯罪者にしてもし懶惰《らんだ》なるときはその国家に災ある少なからずといえども一度適当の教訓と職業を授けらるるに於いては国家に益ある民と化すべし。

犯罪者は教育に依りて改良せらるるにあらざるよりは何等の刑罰を用いてこ

れを膺懲《ようちょう》するも少しの効なかるべし。

工場の掲示

しかのみならずクレメンス第十一世は、在監者をして常に見ることを得しめん為めに、工場のある所に左の文字を記せり。

Silenteum（沈黙）

蓋しその趣旨たるや、雑居混同して働く工場にありては、在監者たるものは、互いに沈黙して服役すべきを教えたるに外ならざるなり。

かくの如き改良策は、監獄沿革史上看過すべからざるの事実にして、第十九世紀末葉の監獄改良に於るも、畢竟この二大主義の実行に外ならざるべし。試に思え、この改良策の実行されしは今を去ること百九十五年の昔にして我が日本帝国に於いては封建制度隆盛を極めたる時にして斯道の改良に付ては、五里霧中に彷徨し、文明的監獄改良の如きは夢にだに見る能わざるの時なりき。

英国の状況

英国の状況

一六九九年英国に於いては、彼のキリスト教徒智識協会 The Christian Knowledge Society という監獄改良会の組織されたる後は、更に斯道の為めに着目すべき働なかりしが、一七二八年ジェネラル・オーグルソープ

一七二八年後の英国

ウィリアム・ヘイ監獄調査委員長となる

ウェスレー、ホイットフィールド敬神倶楽部を組織す

当時の社会

一七六五年

ブラックストンの刑法注釈

モンテスキューの法の精神

イーデンの刑法原理

国会議員の一人たりしを以て、監獄改良の運動として実際の調査に力を尽せしが、更に効果を奏せざりき。一七三五年国会は監獄調査委員を選定し、大いに監獄改良に力を致せり。その委員長はウィリアム・ヘイなりき。ヘイは身体上より批評すれば矮小の不具者なりしが、その脳力はすこぶる鋭敏にして、諸種の改良策を建てたり。当時の宗教界に於いては［ジョン・］ウェスレーおよび［ジョージ・］ホイットフィールド等の大説教家敬神倶楽部 Godly Club なるものを組織し、ヘイと相提携して大いに監獄改良に力を致せり。

当時は社会の腐敗甚だしく随て多くの犯罪者を出だせり。ある統計家の報ずる所に拠れば、一年の内死刑に処せられたるもの百六十人より二百二十二人に達したりと云う。

一七六五年は、刑法沿革史上看過すべからざる年にして、彼有名なるブラックストンの『刑法註釈』Commentaries in 1765 By Blackstone はこの年に於いて出版せられたり。しかのみならず当時の新出版物としてはモンテスキューの『法の精神』Spirit of Laws By Montesquieu ベッカリーアの『犯罪および刑罰論』Crime and Punishment By Beccaria イーデンの『刑法原理』

牧師デニー分房を論ず

教誨師を監獄に採用す

監獄税廃止案

ベルギー国に於ける監獄改良

Principles of Penal Laws By Eden 等は世人の迷夢を一掃するに最も与って力ありたり。

一七七二年牧師デニーが、サー・ロバート・ラッドブロークに与えたる書翰の中に、犯罪改良に与て力あるものは、即分房制ならざるべからずと論りしたりと云う。ハワードの如きも後デニーの小冊子より分房制の必要なることを引証せしことあり。

一七七三年に至ては、法令を以て教誨師を監獄に採用することとなれり。同年ポパムは監獄税の廃止を国会に於いて主張したりといえども未だ通過せざりき。ハワードがベッドフォードシャーの郡吏長官に任命せられしは即この時のことにして、かかる運動に依って、監獄改良はこの時よりやや望みある事業となりたり。

ベルギー国に於ける監獄改良　十八世紀の中頃欧洲大陸に於いては、浮浪徒の横行甚だしく、到る所に於いて非常の災害を及ぼせしを以て、各国政府はその処分に付きすこぶる脳漿《のうしょう》を痛めたり。

当時米国は独立戦争を起し、仏国には革命の徴候ありて、民権やや盛んならんとし、その運動は陰暗の裡に於いて、監獄改良をして益々進捗せしめたり。
ただに浮浪徒の増殖は時勢の然らしむる所たるのみならず、当時社界の習慣と法律は、却って浮浪徒を奨励するの傾向ありたり。かくのごとく社界《しやかい》の状態は、遂に「拘禁制度」Penitentiary System なる新組織を創設するに至りぬ。

拘禁制度の起因

マリア・テレジア

オーストリアの女王マリア・テレジアは、浮浪徒処分に付きては功績尠《すく》なからざる人にて、当時フランドルの総督シャルル王は、一七六五年に於いて秘密会議なるものを起こし、犯罪防御に付きては笞杖《ちじよう》、烙印および拷問の諸刑は更に効力なきことを主張せり。M・D・フェルラントは、この会議に於いて当時行われたりし刑罰は犯罪を減少するにはすこぶるその効力薄弱なるを以て、これに代用せんと欲せば勢い拘禁制度なるものを採用せざるべからずとし、述べて曰く「名誉心を発輝せしめずして、単に侮辱の恐怖のみを以て犯罪者を改良せんと欲する企図は、必ず失敗に帰せざるべからず。浮浪徒の改良は、断頭場裡、笞杖刑、烙印刑および労役を倦厭《けんえん》せしむるが如き刑罰は適当の改良策にあらず。それ故に彼等を改善せしめんと欲せば、強制的労働を科するの一あるのみ」と。浮浪徒の処分に付ては女王陛下自らもこの会同に於いて二大論文を朗

フェルトラントの意見

ヴィレーン第十四世

「マイソン・デ・フォース」監獄

「ヴィレーン」王の監獄改良主義

読せり。

これと同時に、ヴィレーン第十四世［ジャン・ジャック・フィリップ・ヴィレーン十四世。爵位は子爵。「ヴィレーン十四世」は家名］も、大いに監獄改良に尽瘁し、一七七五年ベルギーの都ゲントに於いて中央既決監獄を建設せり。これ即有名なる「マイソン・デー・フォース」なる摸範監獄なり。ヴィレーン王の監獄改良主義は、第一罪囚の感化、第二感化に必要なる希望、第三作業、第四教育文学および宗教、第五柔順勉励および自奮の報賞として給与工銭の設定ならびに刑期の軽減、第六身上簿の設置、第七適当なる作業の分配、第八出獄後に於ける有益なる作業、第九監獄管理はただに法律的のみならず仁愛主義の必要即ち The Law of Love, and Love in Law 慈愛の法則規律に於ける愛、第十出来得る限りは無益なる暴力（体刑を意味す）を廃止すること、第十一改良の実を挙げんと欲せば、短期刑の不利益にして比較的長期刑の必要なること、第十二犯罪に陥らんとする貧児を文学的ならびに工芸的に教育すること（即予防事業）等なりき。

ハワードは一七七六年および一七七八年の両回に於いてこの監獄を訪問し、

「マイソン・デ・フォース」監獄に係るハワードの記事

大いにその制度を賞賛せり。

この監獄に於ける当時の在監人員は三百五十人にして、男囚百九十一人および女囚百五十九人なりき。而して男囚は食堂に於いて喫飯《きっぱん》し、その清潔且つ規律の整頓せるを見てハワードは左の如く記せり

百九十一人の強悪なる犯罪者は、文明社界に於いて教育せられたる人々よりも少なき混雑を以て、静かに喫飯せり。而してその有様にいかにも感服に堪えざりき

と。この監獄の築建費は、およそ六万フラン（およそ我が三万円）にして、作業を科するの趣旨は「汝の額に汗して食うべし」と言える聖書の語に基きたるものなり。

ハワード死後における英国の監獄改良

模範監獄成る

ハワードの死後に於ける英国の監獄改良　ハワードの死後英国の監獄改良は、不振の状態に陥りしが、彼の熱心とその改良主義に深く感動せるサー・ジョージ・オネシフォロス・ポールは、グロスターシャーに摸範監獄を建設せ

その組織

り。米国の監獄学者にしてその名を世界に知られたる、故のイーノック・コッブ・ワインスは生前この監獄を歴訪し、その監獄制度の完美を嘆賞せり。

この摸範監獄は、一囚人に二個の分房を与え、一は寝室とし、他は工場に充てたり。而して在監者は朝夕二回教誨堂に於いて教誨を聴聞し、また毎日一定の時間に於いて戸外の運動をも許されたりと云う。

「パナプティコン」建築法

ハワードの死後二年（一七九二年）ジェレミー・ベンサムは、拘禁制度に基せる一種奇妙なる建築法を発明せり。而してその建築法を「パナプティコン」The Panapticom と名づく。この建築法に依れば、司獄官は到る所に於いて、罪囚を視察し得るも、罪囚は司獄官の顔を見る能わざるの構造にして、一種奇態なる建築法なりき。而してこの建築法は監獄改良家の否認する所となり、実際には行れざりしと言う。一八一一年米国ニューヨーク州の監獄改良家はベンザムの構造法を批評して、「吾人は「パナプティコン」なる構造法は、獄制改良上一種奇態のものなりと評する外言うべきことなし」と云えり。

監獄改良とエリザベス・フライ夫人

監獄改良とエリサベス・フライ夫人　ジョン・ハワードとならび称せられて、監獄改良に大功蹟ありしはエリサベス・フライ夫人なり。夫人はハワード

その成功せし所以

その尽力

女囚教誨

とその国を同じうし、女囚改良家としては、世界の先述者にして、欧米両大陸にその名嘖々たり。夫人の監獄改良に尽力せしはハワードの死後二十五年にして、夫人がかく事業に一大成功を為したる所以のものは、第一夫人は貴族社会と交際厚かりしこと、第二夫人の良人はすこぶる財産家たりしこと、第三夫人の天性慈愛に富めること、第四遊説の巧みなりしこと、第五信仰の念篤かりしこと等にして、これらの要素は、夫人のかく事業に名を成したる所以の重なるものなりしといえども、その他に夫人をして成功せしめたるものは、即ちウィリアム・アレン、スティーブン・グレレット、［ウィリアム・］ウィルバーフォース、およびバックストン等の諸名士の助力ありし為めなりとす。

夫人が「ニューゲート」監獄を初めて訪問し、女囚に衣服を恵与せるは、一八一三年にして爾来しばしば女囚をその監獄に訪問し、大いに宗教的教訓を施したりしが、これを聴ける女囚は皆いずれも声を放って涕泣《ていきゅう》する程に感動せりと云う。

一八一六年の「クリスマス」に於いて、フライ夫人はその友人メアリー・サンダーソンと共に、公然女囚教誨をなすの許可を政府より得たり。而して

一八一七年女囚改良協会の成立

「ニューゲート」の典獄は、一監房を開放して、教育ならびに教誨の場所に充てたり。これに於いてかロンドンの貴婦人はこの運動に賛同し、遂に一八一七年数多の婦人共同して、一協会を設置するに至れり。名づけて「ニューゲート」女囚改良協会 Association for the Improvement of the Female Prisoners in Newgate と云う。而して別に規則を制定し、女囚をして作業に労役せしめ、その製作品を市場に売却して以て女囚の被服に充てたりと云う。あたかも好《よ》しいロバート・デール・オーウェンは、新聞紙上を以て、「ニューゲート」監獄に於けるフライ夫人の監獄事業を吹聴せり。ここに於いてか、朝野の人々この運動の忽《おろそか》にすべからざることを悟るに至れり。夫人が「ニューゲート」監獄に尽したるの功績はすこぶる順著なるものにして、かつて「ニューゲート」を訪問せし貴婦人等が、五ポンドの小切手を監内に遺失せしことありたるに、女囚の一人はこれを拾い、直に女監取締に届け出でたり。また数年間の成績に依れば、女囚の出獄者にして再犯せしものは、僅々四人なりしと云う。これらの事実は、その結果の一二に過ぎずといえどもまた以て夫人の功績の大なりしを見るに足るべし。かかる規運動の影響は、ただにロンドン監獄に於けるのみなら

サラ・マーティン女史その事業

ヤーマスの紀念会堂

ず、他の地方監獄にも影響し、婦人にして女囚を教誨するもの各所に起こるに至りたりと云う。

夫人と同時代に於いて、サラ・マーティンなる貧女ありけるが、マーチンは十九歳の時聴聞せる説教に深く感動し、その生涯を慈善事業の為に投ぜん決心せり。爾来女史は聖書と神学の研究に余念なく、初めの頃は日曜学校生徒の為めに働きけるが、後範囲を拡張して地方監獄に拘禁せらるる未丁年囚の教育に従事せり。女史はかくのごとく慈善事業に従事するも、更に報酬を受けざりき。いかにして貧困なる一女史がかくも高貴なる事業に従事し得るに至りしかと云うに、女史は裁縫より得る所の僅少なる賃銭に依りて、日々の生活をなしたり。女史の生国は英国ケスターにして、後ヤーマスに移転し、同地の監獄に依って、女囚教誨に従事せり。女史は十七年間一日の懈怠なく、女囚の改良に尽力せり。人もしヤーマスを歴訪せば市中に一大会堂を発見するなるべし。これ即ち同市の有志者が女史の慈善事業を紀念せんが為に建設せるものなりと云う。

女史は一七九一年に生まれ一八四三年に死せり。女史の誕生日なる一七九一

サー・ロバート・ピールの監獄法案
ロンドン監獄改良協会

年は、斯業の開山ハワードが露国ヘルソンに於いて瞑目せる年なり。彼は逝き、女史は生まれたり。天は常に監獄改良の為に絶えず人物を起してその改善に与からしめんとす、摂理の周到慎密なるを見るに足るべし。

サー・ロバート・ピールの監獄法案　フライ夫人と時を同して、一八一五年監獄改良協会 Society for the Improvement for Prison Discipline なるもの、ロンドンに設立せられ、その目的を貫徹せんが為めに論文と印刷してこれを朝野に配付せり。これ即ちいわゆるバックストンの『現行監獄制度の質問』なる小冊子なり。

この出版物世の歓迎する所となり、一ヶ年に六版を重ぬるに至れり。この運動と共に監獄則を改正せんがために、国会は委員を選定してこれが調査に着手せしめたり。而してサー・ロバート・ピールは二十三個条の条項を監獄則中に加え大いに監獄の改良すべきことを論じたり。これ即一八二三年なり。

この監獄改正案中には、分房と類別法とを併用し、女監は夫人の典獄をして監督せしめ、殊《こと》に教誨の如きは毎日これを行い、教育としては読書、習字および算術を教え、司獄官と教誨師は上官たる裁判官に向かってその職分の状況を

ロンドン監獄改良協会の事業

世界の重なる監獄協会

報告すべきことを規定せり。

ロンドン監獄改良協会の事業

吾人は曩《さき》に該協会の運動に付きいささか陳述する所ありしが、この協会はただに既決囚の改良のみならず、不良少年の為にもその改良策を建てたり。監獄改良の発達と共にこれが中心点とも称すべき監獄協会なるものは、到る所に組織せられたりといえども、このロンドン監獄改良協会は、その最も大なるものなり。

今世界に於いて記憶すべき監獄協会を列挙せば、第一ロンドン監獄改良協会は一八一五年に、第二政府監獄協会は一七七六年に、第三仏国「ロイヤル」監獄協会は一八一九年に、第四「ボストン」監獄協会は一八二四年に設立せられたり。而して「ハワード」監獄協会と日本監獄協会とはその後に設立せられたるものにて、世界の監獄協会中最も大なるものの一なり（日本監獄協会は明治二十二年の設立に係《かか》る）

このロンドン監獄改良協会の事業は、前にも述べたるが如く、既決囚と不良少年の改良に尽力したりしが、その起因を尋ぬるに、当時英国に於いては犯罪者順に増加し、従って死刑の如きも頻繁に執行せられたるが為めにロンドンに

二大方法

米国監獄界の暗黒時代

於ける慈善家は該協会を建立するに至れり。而して協会が監獄改良上の意見としては左の二大方法にてありき。

一　犯罪の鎮圧

二　犯罪者の改良

犯罪を減少せんとせば、ただに犯罪者を恐嚇《きょうかく》するのみならず、道徳と宗教の二大勢力を借り来りて、犯罪者の精神を改良せざるべからず。この方針と以て、該協会は監獄事業に従事せり。而してこれと同時に、不良少年を改良せされば犯罪者を増殖せしむる所以の一大原因たることを発見し、大いにこれが防遏に力を致せり。

当時該協会がロンドンに於ける各監獄を調査せし報告に依れば、当時の監獄は、第一類別法の行われざりしこと、第二作業の不備、第三監獄建築の不完全、および免囚保護事業の振わざりしにありしを知るに足るべし。然り而して該協会はその等の事業に加えて、不良少年ならびにに浮浪徒を収容する為に、感化院および労役監を設立するに至れり。時に一八一八年なりき。

米国監獄界の暗黒　アメリカ合衆国は、獄制沿革史上忘却すべからざる国な

その一

その二

りといえども、その初期に於いては英国およびその他の国々と同じく、監獄界の闇黒は同一の状態にして、その闇黒はほとんど五十年間に亘《わた》りたりたり。即ち一七七三年より一八二七年までの間なりき。コネチカット州のシンスバリーに近き、丘稜の主に於いて、鉱山の建築に属したるものあり。時の政府はこれを牢獄に代用して、数多の囚人を拘禁せり。この牢獄に於ける在監者の状態は、名状すべからざる有様にして、その弊害や既に述べたるが如く英国および欧洲大陸の監獄と大同小異なるを以て、ここにその詳細を陳述するの要なしと信ず。

　然れども、その一、二を挙ぐれば、初めてこの牢獄に説教せし時の如きは、罪囚の傍に獄吏は火縄に火を点したる大砲を携え来り。もし囚徒にして乱暴する如きことあらば、砲殺せんと構えたりと云う。この一事を以て推測するも、当時囚人の状態如何は知るに足るべきなり。および米国最古の都府ボストンにては、同じく獄内に非常なる弊害行われ、監獄学者の伝うる所に拠れば、当時一千人の罪囚は一室混同雑居し、而して老少、男女、白痴、狂人、飲酒家、および負債者等の如きは、更に区別する所なかりしと云う。ニューヨークに於い

米国監獄改良の初期およびその進歩
米国の監獄協会および国立大会
一八七〇年
国立監獄大会開設

てもまたこれと同一にして、当時罪人を刑するに青松葉を以て焼殺せり。甚きは鉄柵に囚人を繋ぎたるまま飢餓せしめ、鳥をしてその肉を啄《ついば》み尽さしめたり。かくの如き残忍なる刑罰は、ほとんど十八世紀の間、米国に於いては盛んに行われたりと云う。（当時、欧州大陸にてはハワード等盛んに監獄改良を絶叫せるの時なりしなり）

米国監獄改良の初期およびその進歩　ペンシルベニア州政府の監獄協会は、世界に先て設立せられ、爾来ボストン監獄協会、ニューヨーク監獄協会および米国国立監獄大会設立せられたり。国立監獄大会は故博士イーノック・コッブ・ワインスの唱道に依りて、一八七〇年に開設せられ、爾来今日に至るまで合衆国各都府に於いて開会せらる。

而してその大会に出会する者は、上は政府の官吏即当局者より、下は監獄改良に志望ある熱心家および慈善家等にして、学者は論文を朗読し、宗教家は説教または演説を試み、実務家はその実験を語る等、いやしくも監獄改良に関係ある男女の人々は、この大会に於いて経験と思想を交換し、その記録は毎年五百頁以上千頁に達する報告書となりて、同業者間に配布せらる。以上陳述せ

女囚の専門監獄

スワードの監獄に与えたる効果

スペインの監獄とモンテシノスの監獄改良

る四大協会は、同国に於ける監獄改良上には大なる利益を与えたり。かくの如き運動と尽力に依りて、米国の監獄はすこぶる進歩し、体刑は廃せられ、作業は始められ、刑期軽減の法、給与工銭、教育ならびに宗教の感化は罪囚間に波及せり。特に欧洲大陸に於いて見るべからざることは、女囚の専門監獄にして、インディアナおよびマサチューセッツ両州に於いては、典獄を始め教誨師、看守長、看守に至るまで、皆婦人の官吏なり。余は幸にマサチューセッツ州の女囚監獄を視察せしが、すこぶる整頓せるを見たり。米国実務家の説に拠れば、マサチューセッツ女囚監獄の如きは、欧洲大陸に於いても見る能わざる良監獄なりと云う。

ウィリアム・ヘンリー・スワードのニューヨーク府知事〔州知事〕となるや、感化的分子を監獄に採用することに力を致せり。これが為めに、到る所の監獄に教誨師を採用し、聖書の研究、安息学校と祈禱会の開設、ならびに監外より応援する有志家の教誨を歓迎し、大いに感化の実を挙げしめたりと云う。

スペインの監獄とモンテシノスの監獄改良　一八三五年より一八五〇年に至る間、「マニュエル・」モンテシノスはスペイン国「ヴァレンシア」監獄

ドイツ国オーベルマイヤーの監獄改良

フォン・ヘッツェンドルフ

の典獄となりて、能くその職責を完うし、各種の記憶すべき改良を施せり。この監獄の在監者は、およそ一千人より一千五百人までの数にして、当時の再犯者は百人の内四十人乃至七十人を昇降せしが、モンテシノスの監獄改良大いにその効を奏し、再犯者の如きは実に僅少なるに至れりと云う。この監獄に於いては、当時教誨および給与工銭等の設備ありて、外形的改良に力を尽せしのみならず、大いに在監者の心意開発に力を致せりと云う。

ドイツ国オーベルマイヤーの監獄改良

モンテシノスと同時に於いて、ドイツの連邦の一なるバイエルン国ミュンヘンに於いて、フオン・オーベルマイヤー大いに監獄改良に力を致したり。ドイツの監獄改良の今日を致せる所以のものは、氏与って力あり。その次に顕われたる監獄改良家は、フオン・ヘッツェンドルフなり。氏は一八七六年ベルリン府に於ける万国刑法の教授たりしが、後またミュンヘンに於いても同位置を保持せり。

ヘッツェンドルフはロンドン万国会議の時、刑法の改正に尽力し、爾来この方面に向かって大いに刷新を加え、斯道の学者としては、その名声すこぶる高しと云う。

光線型構造の監獄

「モアビート」監獄

分房制度の採用

ミッテルマイヤー階級制度を主張す

以上陳述せる両氏に次ぎて顕われたるは、博士ジュリアスおよびバーデンの博士ミッテルマイヤーの両氏なり。「ブルックザー」および「モアビート」(ベルリン)の両監獄はいわゆる光線形 Panaptic Celler Plan の構造にして、司獄官は在監者をその監房に於いて視察し得るも、在監人は司獄官を看ること能わざるなり。ドイツの摸範監獄「モアビート」は、この方法に依って建築せられたり。

「モアビート」監獄はいずれに摸擬せしやと云うに、英国の模範監獄「ペントンビル」に拠りたりと云う。

ドイツに於いては、一八四六年より一八五六年の間は、最も分房論の盛大を極めし時代にして、一八五七年に於いては分房制度を採用することに議論一決せるものの如し。博士ミッテルマイヤーは、躬親《みずか》らクロフトンの設立せる階級制度の監獄を実地に視察し、その制度を主張せんが為めに、雑誌ならびに報告書を出版せり。ドイツの獄制に依れば、分房の期限は在監者自らの志願に依るに非ざれば、三年を超過すべからずと。然るに現今の状況に依れば、在監者は、三年以上の分房拘禁を志願するもの多数なりと云う。

ドイツ監獄の種類

今ドイツの監獄の種類を挙ぐれば、およそ左の四種なり。

第一　重罪監獄《ツホト・ハウス》（二年以上無期）（英の「コンヴィクト・プリズン」と類似す）
第二　軽罪監獄《アルバイツ・ハウス》（数化ヶ月より一年）（英米の労役監獄と類似す）
第三　地方監獄《ゲファング・ハウス》（一日以上五年）（英の「ローカル・プリズン」と類似す）
第四　城塞監獄《フェスツング》（国事犯並決闘者を拘禁する所）

イタリア国の監獄改良
デスピンの改良主義

イタリア国の監獄改良　イタリア国サヴォイに於いては、デスピン大いに斯事業に尽力したり。デスピンは寛厳両ながら程よく調和することを以てその主義とせり。これをドイツのオーベルマイアーに比すれば、「オ」氏は道徳力の発達を待て在監者を改良せんとし、デスピンは道徳力と共に法律的強制をも大いに利用せり。

ロシア国の監獄改良
ソロッフの事業

ロシア国の監獄改良　露国モスクワ府に於いては、伯爵ソロッフ地方監獄を建設し、大いに罪因改良に尽す所あり。而して開監後二千百二十八人の在監者は、始めの六年間に最も多く放免せられ、再犯したるものは僅かに九人強のみなりと云う。これ実に宗教、教育および作業の三者を程よく調和したるが為なり。

スウェーデン、ノルウェーに於けるオスカル一世の監獄改良
オスカル一斉の著書『刑罰および監獄』
その所論要旨の一
その二
仏国の監獄改良

スウェーデン、ノルウェーに於けるオスカル一世の監獄改良　オスカル第一世は監獄改良の為にはすこぶる尽力せる人にして、ただに言論を以て尽せるのみならず、監獄学者としては、記臆ずべきの名著あり。而して『刑罰および監獄』という一書は即ちこの人の著述にして、その論ずる所の要旨は

第一　犯罪の起因を探求してその根本に溯れば、犯罪者の多数は宗教、教育および職業の三者を欠くを以て、彼等が真正の改良を欲せば、この欠乏せる三のものを与えざるべからず、即ち吾人がいわゆる広き意義に於ける教育これなり。

第二　刑罰と感化を調和することはすこぶる難事なりといえども、真正に犯罪者の改良を施さんと欲せば、これを適度に調和せざるべからず

と。彼はこの二大原則を本として、犯罪防遏《ぼうあつ》に尽力せるが為に、一八四〇年以来同国に於いての監獄改良は、大いに見るべきものありしと云う。

仏国の監獄改良　仏国に於いては、一八一九年「ロイヤル」監獄協会 Royal

ルカの著述

ホーソンビルの事業

Prison Society を設立したりしが、この協会の事業著く効果を奏し、爾来一新面目を開きたりと云う。

シャルル・ルカは仏国の監獄学者にして、著述すこぶる多し。今著述の一二を挙ぐれば、『欧米監獄制度』Penitentiary System of Europe and America『拘禁論』Theory of Imprisonment にして、前者は一八二八年に、後者は一八三六年に完成せり。

ルカの学説はすこぶる価値あるものにて、監獄学者として世界に重を為したるは、即ちこれあるが為なり。

ほとんどロンドン万国会議（一八七一年および二年の冬）と時を同じうして、子爵デ・ホーソンビルは国会の委員会に於いて、十九人の監獄調査委員を選定し、大いに監獄問題を討究せしめたり。その結果として、監獄ならびに未決監の改良および出獄人保護会の設立を見るに至れり。今を去ることおよそ二十余年前、仏国にては国立監獄協会を起し、毎月一回会員を集めて、論文を朗読し、演説をなす等、すこぶる斯道の為に改良を図れり。しかのみならず同会よりは、月刊監獄雑誌を発行して、世界の与論を収集せり。（世界に監獄雑誌として有益なるもの二つあり。一はベルリン「プレッツェン」監獄の典獄ウィルトの編集するものにして、二は則ち仏国監獄協会より発行するものこれなり）

その沿革

「ペンシルバニア制度の起因

モンテ・カッシーノの修道院に於ける僧侶の監督規則

第八章　「ペンシルベニア」制度と「オーバーン」制度

その沿革　「ペンシルベニア」制度は分房制度または「フィラデルフィア」制度とも云う。「オーバーン」制度は、ニューヨーク州「オーバーン」監獄に於いて始めて実施したるものにして、罪囚を所遇するに昼間雑居夜間分房を以てせり。この「オーバーン」制度は、時として沈黙制度 Silent System 雑居制度 Congregate or associated System とも云うなり。今や獄制の沿革を講究するに当たり、この制度はその研究の主要なるものにして、その起因と発達を判然了解するにあらずんば、獄制発達の如何は解釈すること極めて難しと謂うべし。

「ペンシルベニア」制度即ち分房制度の起因は、遠く十六世紀の昔、イタリア国ナポリに近きモンテ・カッシーノの修道院《モナステリー》 Monastery にありたり。この修道院に於いては、すべての僧侶を監督するの規則として、もし僧侶にしてその規定に抵触する如き事あらば、必ず分房に入れて懲罰せり。独りこの院のみ

フランシと少年犯罪者

分房制度ベルギー国に採用せらる一七七二年

米国に採用せらる

ならず、他の修道院に於いても、同規定の設備ありたり。これ即ち分房制の起因とも云うべき者にして、やや分房制度の形を成すに至りたるは、一六六七年フィレンツェの僧フィリッポ・フランシは、フィレンツェに設立せられたる少年監獄の典獄と為り、入監せる少年犯罪者は悉く分房に拘禁せられ、もし在監者にして房外に出ずる事あらば、仮面の如きものを顔に被らしめたり。

一七〇四年法王クレメンス第十一世は、ローマに聖「ミカエル」監獄を設立し、在監者を拘禁するに分房を以てせり。イタリアに起こりたる分房制度は、ベルギー国の採用する所となり、一七七二年ヴィレーン十四世は、ゲントに摸範監獄を建築せり。米国の政治家ベンジャミン・フランクリンその他の人々の尽力に依って、一度ベルギーに実行せられたる分房制度は、遥に太西洋を越えて米国に採用せらるるに至れり。而して米国に採用せられたる分房制度は、最もよくフィラデルフィア府に於いて発達せり。分房制度は、フィラデルフィア府に採用せらるるまでは「分房制度」と称する専門語の如きはほとんど無かりし程なりき。ニューヨーク州に於いては、フィラデルフィア府に発達したる分房制度を以て満足することなく、更に有効なる一制度を発明せんと欲し

ニューヨーク州にては分房制度に満足せず遂に「オーバーン」制度発明す
米国に於ける「ペンシルバニア」「オーバーン」両制度の衝突

て、種々なる研究をなせり。これに於いてや、同州「オーバーン」監獄に於いては、昼間雑居夜間分房なる一制度を発明し、名けて「オーバーン」制度と云う。これ即ち両制度に於ける沿革の梗概なり。

米国に於ける「ペンシルベニア」「オーバーン」両制度の衝突 既に陳述したるが如く、分房制度は固と米国の発明に係りたるものにあらずといえども、兎に角分房制度と云うべき一名称を成すに至りたるは、フィラデルフィア府を以て嚆矢《こうし》とす。分房制度はフィラデルフィア府に発達したる制度なるが故に、世人これを名けて、「ペンシルベニア」または「フィラデルフィア」制度と称す。

ペンシルベニア州政府に於いては、かかる主義に基せる二個の監獄を州の東西に建築せり。東部に建てられたるものを東監獄 Eastern Penitentiary と云い、西部に建てられたるを西監獄 Western Penitentiary と称す。

東部の監獄はフィラデルフィア府に、西部の監獄はピッツバーグ市に在り。この二個の新監獄建築せられてより以来、ペンシルベニア州に於いては、同主義に基せる十二の監獄を建設せり。然り而して、米国にてペンシルベニア州に

ニュー・ジャージー州分房制度を廃し「オーバーン」制度を採用す

両制度論の起因

分房制度廃止の理由

摸倣して、分房制度を採用せる最初の州は、ニュー・ジャージー州なり。然るに幾千もなく、同州はこの制度を廃して、「オーバーン」制度と為せり。これに於いてか、両制度は大争論をなすに至りぬ。およそ事物の変化には必ず理由のこれに伴うものなくんばあらず。ニュー・ジャージー州に於いて、分房制度を廃止したる理由と云うは、経済上の点にありたり。一八四〇年同州の監獄局は、分房制度はただに経済上に不利益たるのみならず、感化上にもすこぶる不利益なりとし。同年州獄 State Prison の主任医ドクター・コールマンは、分房制度はただに経済と感化に故障あるのみならず、これと同時に、身体ならびに精神上に有害なりとの説を唱え、大いに分房制度を攻撃するに至りたり。而して分房制度に対するの攻撃は、一八四六年に至るまで止むことなし、最後の攻撃として最も強烈なるものは、分房制度は在監者の感化に害ありとの説なりき。爾来ニュー・ジャージー州に於いては、分房の弊害は（一）不経済なること（二）感化に補益少なき事（三）作業の収益僅少なる事の三点を論して、遂に一八五九年立法院は法律を以て分房制度を廃し、「オーバーン」制度を採用するに至れり。

米国に於いては一監獄を除くの外皆「オーバーン」制度を採用す

ロード・アイランド州に於いては、一八三八年分房制度を採用し、四年の後これを廃棄して、「オーバーン」制度となせり。ピッツバーグ市に於いては、一八二六年分房制度に基せる一監獄を建設したりしが、一八六九年即ち四十三年の後に至りて、「オーバーン」制度に変更するに至りたり。初めてフィラデルフィア府に行われたりし分房拘禁は、監房内に於いて作業の設備なく、在監者は房内に於いて空しく日を過せり。同州の分房制度に作業を加設せしは、一八二九年にして、同年立法院に於いて制定せる法律に依れば、在監者は悉く一定の作業に服役せしむべきことを規定せり。ニューヨーク州「オーバーン」監獄またはメイン州の「トマストン」監獄に於いては、作業の設備なくして分房制度を採用せしが、恐るべき弊害を醸成せり。かくの如く米国に於いては、分房制度と「オーバーン」制度とは、およそ五十年の間激しき争論をなしたり。而して今や米国に於いては、フィラデルフィア府東監獄を除くの外はいずれの地に於いても、「オーバーン」制度勝を占め、アメリカ合衆国を一統するに至りたり。

この如く、両制度は長き間激烈なる争論をなしたりしが、両制度は根本的に

両制度の衝突執行上の方法にあり

欧州各国の委員派遣

仏国の委員

英国の委員

主義もしくは原質を異にせるにはあらず。両者共に在監者を離隔し、または作業の緊要なる事を是認するを以て見るも、ただその差異は主義と原質とにあらずして、むしろこれが執行上の方法を異にするあるのみ。五十年間に於ける両制度の争論は、欧洲大陸に於ける政府と民間有志家の耳目を聳動《しょうどう》し、遂に両制度の得失如何を研究せんが為めに、欧洲政府は委員を派遣して、これが調査に従事せしめたり。初めに渡米せしは仏人ビューモンおよびド・トクビルの二氏なりき。米国に於ける二氏は、一八三一年（実際に於いては私費を以て渡米せるも）表面その政府を代表して、調査研究に従事せり。英国政府は、同年サー・ウイリアム・クロフォードを遣わし、両制度の得失を精密に研究せしめ、五千ポンドの旅費を支給して、図式ならびに完全なる報告書を編成せしめたり。この報告書は、現今英国に於ける階級制度の基をなすに至れり。欧米人の事業を起すや、必ず調査委員なるものを設け、まず事業の初めに当たりて、充分なる調査をなさしむを常とす。余がかつて翻訳したる『摸範監獄』の如きは、米国マサチューセッツ州政府が、新監獄を建設するに当たりて、調査委員を任命し、欧米に於ける監獄構造法を厳密に調査せしめたるものなり。この調査の為めに費したる費用は、一万五千円なりと云う。僅々百「ページ」に足らざる一小冊子を作るに、一万五千円を費すが如き、将来に於いて完全なる摸範建造物を造り得べきや明なり。クロフォードが米国に於いて費したる調査費は、五千ポンド即ち我が五万円なり。マサチューセッツ政府が任命したる調査委員と云い、このクロフォードの調査費と云い、更に思い切ったる仕方と謂《い》うべし。

巣鴨監獄

試しに思え。我が巣鴨監獄は四十三万円の経費を拗《ねじ》って建築せられたるものなり。然るにその調査費として幾何を費したるかは、吾人のかつて聞かざる所なり。調査費を支出せざる巣鴨監獄の如きは、外観は即ち美麗なりといえども、実際に於いては、犯罪者の改良上寸分の裨益《ひえき》なきのみならず、却ってこの如き監獄は、監獄改築上の一妨害なりと云うも誣言《しいごと》にあらず。かれを思い、これを考うるときは、欧米人の賢くして、我が邦人の疎遠なる、慷《こう》して慨《がい》すべきなり。

露国の委員

次に米国に渡来したるは、露国の派遣員ドクトル・ジュリアスなり。彼また詳細なる報告書を作りて、これを本国政府に送れり。これ即ち一八三五年な

委員中最も著明なるもの

分房の利害

分房制度の利益

り。爾来欧洲大陸より米国に渡来して、監獄を調査せるもの接踵絶えざりしといえども、その最も著明なりしものは、仏国殖民感化院長ド・メッツおよびブローニーの二氏なりき。

分房の利害

分房制度の利益

（一）分房制度は雑居制度と比較して、威嚇的分子の多きこと。（刑は畏嚇を失うべからず）

（二）分房制度は堕落の勢力より囚人を救う結果として、改良的勢力を強むること。

（三）分房制度に随伴《ずいはん》する必然の結果として、刑期を短縮し、国家および納税者に経済上の利益を与うる事。

（四）刑期の短縮は、在監者をして家族の関係を破壊せざらしむ。

（五）分房は在監者に宗教および教育を受けしむるに利益を与うる事。

（六）伝染病を予防し易き利益ある事。
（七）在監人の逃走を予防するの利益ある事。
（八）雑居制度もしくは「オーバーン」制度と比するに、犯則の機会を減少し易き傾向ある事。
（九）精密なる視察の結果として、疾病ならびに発狂者を発見し易き事。
（十）在監者の互いに顔を見ざることに依って、出獄後に於ける悪交を絶つ事。（余の知れる巣鴨監獄の出獄人某は在監中三十九人の習慣犯者と相知るに至りたると云う）
（十一）作業を撰択するに容易なる結果、出獄の後正業に勉励し易き事。
（十二）自由作業と競争するの弊害を避くるに利益ある事。
（十三）過去に於いて犯したる罪悪に付き、充分に反省するの機会を与うる事。

分房制度の不利益

（一）いかにこれを分房するも、心裡の罪悪は恐らくは除去し難からん。

（二）寂寥は却って罪悪に陥る機会多し。（小人閑居して不善を為すの類か）
（三）寂寥の結果身体および精神に害あり。
（四）長刑期間の分房的寂寥《せきりよう》は、却って自由世界の誘惑に抵抗する能力を失わしむ。
（五）分房論者は、在監者は司獄官、教誨師および医師に依って訪問せらるるが故に寂寥を医するの方法なきにあらずと主張すといえども、畢竟卓上の空論に過ぎざるべし。
（六）厳正分房は教育上これを一組として教うる能わざるを以て、在監者をして教育を受けしむるに不利益あり。
（七）分房制度はただに教誨を施し作業上の監督をなすに不便利なるのみならず、動もすれば運動《エキサイズ》を欠くの恐れなきにあらず。
（八）いかなる分房も叩く事または通声する事に依って交通を絶対的に禁ずる事難し。「空気のある所には音声もまた達す」との金言はいかなる方法に依るも絶対的に分房し能わざるを謂えるものなり。
以上陳述したるが如く、分房制度の利害に付きては、古来すこぶる争論あり

分房制度に付きての意見

タラックの意見

たることにて、これを軽々に賛否する能わずといえども、卑見《ひけん》を以てせば、長刑期に処せられたる在監者を、長日月の間厳正分房に付するは策の得たるものにあらず。然らば則「オーバーン」制度を採用して、これを短刑期の囚人に適用すべきか、否々然らず。要は両制度の極端を避けてその中庸を採るにありとす。故にある刑期の犯罪者には、厳正分房を適用し、他のものには「オーバーン」制度を採用せば、恐らくは当を得るに近からんか。例えば長刑期の者には、英国に於けるが如く、階級制度を適用し、ある時間内（六ヶ月もしくは九ヶ月）これを厳正分房に付したる後、処遇の方法を緩和して、「オーバーン」制度に移さば、刑罰と感化を実行するに利益あらん。換言せば長刑期の囚人は、これを「オーバーン」制度を以て処遇し、短刑期の囚人はこれを厳正分房に拘禁するにあり。分房論者中最も有力者の一人なる英国ロンドン「ハワード」監獄協会幹事ウィリアム・タラックさえも、分房拘禁に付ては左の如く言えり。

英国地方監獄に於いては、数週もしくは数ヶ月間拘禁せらるる犯罪者は厳正分房に付せらるるが故に、その効果実に顕著にして、犯罪を根絶するに於いては極めて力あり。もし分房の時期延長せらるるときは、非常なる弊害と黙過すべからざる酷待を醸すに至るべし。常に絶えず長期間囚人を分房に拘禁するは、身体、心意および精神上すこぶる自然に悖戻する所遇と云わざるべからず。その故に、分房拘禁とは、犯罪者を悪交より絶縁せしむることにして、犯罪者自らに利益あること極めて大なりと謂うべしと。人は社交的動物にして、瞬間たりといえども、何物にか交際せずんば止まざるものなり。宗教を信ずるも、読書に耽るも、職業に就くも、山川原野を跋渉するも、即ち自然および事物に接触交際するの意義に外ならず。然るに外界の交通を絶ちて、永くこれを厳正分房に付するは、人類の性情に悖りたる所遇と云わざるべからず。然れども犯罪者を改良せんと欲せば、まず犯罪分子の多きものとその少なきものとを区別して所遇すること極めて肝要なり。例えば悪交を絶つが為めに相互を離隔するは極めて大切なりとす、然れどもこれと同時にその離隔をして自然に背反せざる様せざるべからず。故に在監者を長日月の間厳正分房に附するは、策の得たるものにあらず、宜しく時機と場合とを察して、これが中庸を得ることに注意せざるべからず。

流刑
露国の流刑
流刑の三種

第九章　流刑制度《ツランスポーテーション》　Transportation

流刑は行刑の一種として、古来いずれの国にも行われ、今なおある国々に行るるものなり。例えば露、仏および我が日本の如きこれなり。然れどもこの制度は行刑の一種としては、犯罪者にも国家にも有害なること、刑法学者の業既に論したる所なり。

（一）露国の流刑　露国の流刑に三種類あり。一は「カトルガ」と称してシベリアへ強制的に追放するものなり。二は単に遠島を申し付くるものにして、この遠島はただにシベリアに遠島せしむるのみならず、時としては海洋遼遠なる地へ押送《おうそう》することなきにあらず。而して該刑の宣告を申し渡されたるものは、概ね名誉ある階級の人士のみに限れり。三は懲役を以て遠島を申渡ざるるものなり。

露国の遠島は、今を去ることおよそ百五十年の昔に始りたるものにして、即ち西暦一七五四年にあり。露国政府がシベリアに囚徒を追放するは、ただに監

その不結果

獄学上の原理に背反せるのみならず、露国の政略としてもすこぶる不利なるものあり。蓋し露国に於いてはこの制度を実施せる以来、殖民地に於いてはしばしば囚徒の暴動を起し、これが為めにすこぶる困難を感ずるは、露国政府の親しく実験する所なり。現今露国に於いては、この制度を廃止せんとの議すこぶる盛んなりと云う。

仏国の流刑

(二) 仏国の流刑　流刑存否の問題に付ては、刑法学者中業既に喧噪なる議論ありて、今なお充分決せざるが如しといえども、流刑制度の治獄上に害あるや、これを事実に徴して明らかなり。これを以て、英国に於いては一八六七年流刑制度を全く廃止するに至れり。然るに仏国に於いては、流刑の廃すべからざるを論議するの学者比較的に多きは、文明社会の一大奇観と云うべし。

仏国学者の議論

流刑の三種

仏国の流刑に三種類あり。一種のものは政治犯者に適用するものにして、その刑期は五年より十年までなり。二種は普通の犯罪者に適用するものにして、その押送地としてはギニアおよびニュー・カレドニアを以てこれに充つ。三種は地方的流刑とも云うべきものにして、犯罪者の居住および出入等をある制限内に於いて規定するものなり。この種類の犯罪者は一定の場所に住むことを厳禁せらる、例えばパリ、マルセイユ、リヨン、およびボルドー等の諸市に於いては、これらの犯罪者は居住権を禁止せらるるなり。

(三) 英国の流刑制度

流刑を最も盛に行いしは英国にして、ジョン・ハワードは、既に百有余年前この制度に向かって痛快なる攻撃を加えたりしが、英国は一八七六年に至るまでこれを廃止せざりき。この流刑制度は、英国に於いては甚だしき害毒を流せしに相違なしといえども、また一方より見るときは、この悪制度の中より、善良なる一制度を産出するに至れり。故にその歴史の梗概を叙し、以て今日の階級制度に及ぶもまた無益の労にあらざるべし。

英国の流刑制度は、女王エリザベスの三十五年無頼の徒および浮浪漢を駆逐せんが為めに設けられたるものにして、チャールズ第二世の時に於いては、浮浪徒を米国に移殖せしむべき事を定め、その移殖すべき犯罪者は、死刑以下の重罪囚にして、彼等は二の内いずれかを択ばざるべからず。即ち絞罪を甘んずるか、もしくは流刑を甘んずるかの一なりき。然るに結果より考うるときは、当時の流刑は、一種の条件付き赦免にして、ジョージ一世の時、三年度上の重罪犯者には流刑を適用することとせり。もし重罪犯者にして流刑に処せられたる刑期を、島地に於いて全く了らずして帰国するが如き事あらば、彼は直ちに死刑に処せられたり。当時流刑者を海外に押送することは、一私人の受負業にして、云わばその刑期間は一私人に囚人の労作を売り渡したるものと同一にして、これを受負うたる一私人の利を貪りしは勿論、ある時は流刑囚を搭載して米国に出帆するに方り、未だテムズ河畔を離れざる前に於いて放免せしが如き失態ありしと云う。米国に流刑を宣告せられたる罪囚は、その実質に於いては一種の奴隷に異ならざりしを以て、米国の有志家ならびに政論家は、この制度に向かって大いに攻撃を試みたりといえども、独立戦争終結に至るまでは、これが廃止を見るに至らざりき。米国が独立せし以来は、英国は犯罪者を米国に移植せしむること能わざるに至りたるを以て、英国に於いては犯罪者頓に暴殖し、至る所の監獄は犯罪者の洋溢《よういつ》を見るに至れり。これを以て一時これを船舶に拘禁することとなりたり。いわゆる「ホーク」制度なるもの即ちこれなり。

「ホーク」制度

殖民監獄

　而して「ホーク」制度もまた有効ならざるを以て、シエラレオネに殖民監獄を建設せしが、気候炎熱なるが為めに病者大いに発生し、遂に殖民監獄を廃監するに至れり。これに於いてか、拘禁制度なるもの生まるるに至れり。

一七八六年フィリップ濠洲に向け出発す

フィリップ知事の経営

数人の知事更迭す

一七七〇年、一七七三年、あるいは一七七七年のいずれかに於いて、航海者キャプテン・クックは、当時ニュー・ホーランドと名けられたる、今のオーストラリアに航海を始め、この航海以後英国政府は世界に注目して、航海を奨励し、而して英領土を拡張するに至りたり。一七八六年九月六日、水師提督アルフレッド・フィリップはニュー・サウス・ウェールズの知事に任命せられ、十一艘《そう》の船に七百五十七人の囚人を搭載して出航せり。彼は幾多の困苦を嘗めてノーフォーク島に殖民的根拠を定めたり。彼は囚人をして自活の良民たらしめんと欲し、大いに辛苦経営せり。フィリップ知事は囚人を監督するに当たり、時宜に依りては特赦するの権利をも委任せられ、而して特赦を被りたる出獄人に対しては、政府よりの保護として土地および職業を与えたり。（この特権発達して仮出獄となるに至れり）フィリップ知事の後、数人の知事更迭し、遂に二十年の後この島に押送せられたるものの総数は、男一万三千人女三千二百六十五人にして、生存せるものおよそ一万人なりしと云う。以て死亡数の夥きを知るに足るべし。

一八三七年クローフォルドが米国監獄調査の結果として、英国政府は「ペン

特別調査委員の任命

試験級を加う

当時濠州の階級別

シルベニア」および「オーバーン」の両制度を是認し、殖民地に於ける在監者が哀訴し来ることに付、特別調査委員を任命せり。その委員はジョン・ラッセル公およびサー・ロバート・ピールの二人なりき。調査委員が調査したる結果、英国はその制度には試験級なる一階級を加うるに至りたり。

階級制度の英国に発達せしは決して一朝一夕の故にあらず、幾多の失敗を重ねたる後今日の制度をなしたるものなれば、その制度に根拠あるは素よりにして、これを我が国の監獄制度に比するに、実より生長したる樹木と、これを移植せし樹木との差異あり。監獄制度なるものを英、独および米国等より我が国に移植するも、我が国は風俗と人情を異にせるが為め、必すしも適当せざるべし。故に吾人は我が監獄改良をして、果実より成長せる樹木と為すことに助力せざるべからず、翻訳的の監獄改良はその効少かるべきなり。

当時濠州に於いては、囚人を左の三階級に分類せり。

（一）試験級
（二）条件付放免
（三）全放免

試験級執行方法の変更

その弊害

流刑廃止せらる

然るに一八四七年の法律を以て、その三階級中の第一階級なる試験級を英国に於いて執行することとせり。而してその試験期終るや、直に犯罪者を濠洲に送れり。犯罪者の濠洲に到達するや、彼等は条件付放免を申し渡され、自由社会に傭使《ようし》せらるることを得るなり。

濠洲に於いての流刑は、非常なる弊害ありて、その処遇法の如きもまたすこぶる苛酷なりしと云う。

一八三八年一万六千の囚人は鞭撻されしことおよそ十六万回なりしと、これを平均すれば一人の犯罪者に十回の懲罰を科せしものなり。一七九三年より一八三六年に至る、流刑者の死亡数は百人中四十人にして、これを自由殖民者の死亡数に比較するに、自由殖民者の死亡数は僅かに百人に付き五人のみなりき。

事情この如くなるを以て、一八四〇年ニュー・サウス・ウェールズに流刑囚を押送することは廃止せられ、一八四七年より一八四八年の間に於いて、ウイリアム・グラッドストンの尽力に依りて、濠洲に流刑者を押送することは廃止せらるるに至りたり。

二個の法律案成立す

一八四二年「ペントンビル」監獄の建築

拘禁者の種類

然りといえども、事の実際を見るときは、流刑は一八六七年に至るまでは廃止せられざりしなり。

一八三四年、サー・ウィリアム・クロフォードの米国監獄視察より帰るや、英国政府は「ペンシルベニア」および「オーバーン」両制度を折衷して、左の二個の法律案国会を通過せり。

（一）監獄の統一

（二）監獄巡閲官五名を任命し、監獄区域を南部、中部および北部に分かち、監獄事務を監督せしむ。

この結果より、ペントンビルに市監獄（摸範監獄）を建築することとなれり。

この摸範監獄は、分房制を基礎とし、囚員およそ五百名を拘禁するの考案にして、その建築の落成せしは、一八四二年四月十日なり。而してこの「ペントンビル」監獄はフィラデルフィア府の東監獄を摸造したるものにして、その構造法は監獄学者のいわゆる光線形 Radiating なりき。而して該監獄は、流刑に処せられたる罪囚を一定の時限内拘禁する為めに建てられたるものなり。

「ミルバンク」監獄の建築およびその目的
「ペントンビル」監獄に於ける刑罰執行の変遷
一八四三年「プレストン」監獄の建築
一八四四年「リーディング」監獄の建築
三監獄の主義

次に「ミルバンク」監獄は、流刑ならびに「ホーク」制度監獄に代用するの目的を以て建設せられたりき。

「ペントンビル」監獄に於いては、最初の十八ヶ月を厳正分野に附し、而して後在監者を濠洲に押送せり。この十八ヶ月間の厳正分房はすこぶる長きに過ぐるの嫌ありて、後これを九ヶ月に減縮せり。而して同監獄に於いては更に中間級《イントルミデエート》なるものを加うるに至れり。

中間級は「ペントンビル」に於いて行わず、他の監獄に於いて執行せり。而してその中間級なるものは昼間雑居夜間分房なりき、故に「オーバーン」制度にては、流刑なる仮出獄は、その謹慎者に対する優遇にして、これを懲罰と見るは誤れり。

一八四三年十月、「プレストン」監獄は「ペントンビル」に摸倣して建築せられたり。新築の監獄と云わんよりはむしろ分房翼を増設せしと云うを以て適当とせり。

一八四四年、リーディングに新監獄を建設せり。「ペントンビル」、「プレストン」および「リーディング」の三監獄は、いかにせば感化と刑罰を調和し得

三監獄に於ける有名なる教誨師

べきかに留意して建設せられたるが故に、紀律の厳正なると共に、感化上最も勢力ある教誨師を採用せり。即ち「ペントンビル」監獄には［ジョセフ・］キングスミル、「プレストン」監獄には［ジョン・］クレイ、「リーディング」監獄には［ジョン・］フィールドの三教誨師を採用するに至れり。

ハワード以来懲罰主義に反対せる処遇法はすこぶる緩慢となるに至れり。而してその弊害はこの時代を以て最も甚だしきも極めたるが故に、これを救わんとし、感化と刑罰の調和にすこぶる苦心し、既に述べたるが如き三人の有力なる教誨師を採用するに至りたり。この三人は実に教誨師として、空前絶後とも云うべき人物にして、この時代は感化の実効最も挙がりたる時なりき。

第十章　階級制度の発達　Developement of the Grading or Progressive System

階級制度の名称

階級制度は一名を進級制度と称し、今日の如く発達進歩を見るに至りたるは、既に研究せるが如く、英人［アレクサンダー・］マコノーチー与って力あり。

後これを完全に発達せしめたるものは、サー・ウォルター・クロフトンなり。クロフトンはこの制度をアイルランドに於いて実行せるが故に、世これを称してアイルランド制度と云う。かくのごとし該制度に各種の名目ありといえども、その実や一なり。故にこの制度を研究するに当たり、数多の名称あるが為めに混雑を生じて迷わざるよう注意せざるべからず。

階級制度発達の概略

そもそも事物の発動に利害の伴うは免るべからざることにして、世多くは濠洲に流刑者を押送《おうそう》せしを以て、非難の声高かりしといえども、今日の如く階級制度の完全を見るに至りたるは、流刑制度の実行与って力あり。故に事物を研究するに当たりて、これをただ半面にのみ見るは学者

マコノーチーと階級制度

ノーフォーク島の流刑

のなすべきことにあらず。宜《よろ》しく表裏に鑑み前後を察せばその真を得るに庶幾《しょき》からんか。余が監獄沿革史を研究して、英国今日の監獄制度を発達せしむるに至りたる原因は、その一部分を濠洲の流刑に、他の一部分をクロフォードの米国視察に帰せざるべからずと思惟す。

一八四七年英国法律に依れば、階級制度を分けて四段とせり。

初階級（九ヶ月を超過せざる厳正分房）

二階級（英国にて公役業に服役せしむる試験級）

三階級（仮出獄に附して濠洲に押送す）

四階級（仮出獄中に於いて得たる給与工鉄およびその謹慎の良否に依って全放免を与う）

マコノーチーと階級制度

階級制度の始りは、大佐マコノーチーのノーフォーク島に知事たりし時に始まりたるものにして［マコノーチーの階級は海軍中尉。副総督（副知事）の秘書でもあった］、後クロフトンこれを発達せしめて、階級制度と名づくる一制度を組織せり。ノーフォーク島は、長さ四マイル幅三マイルの一小島にして、当時該島に流刑処分にて押送せられし犯罪者

その現況

マコノーチーの改良と建議

ホエートリーの意見

は、概《おおむ》ね悪漢無頼の徒なりしなり。この島は天然の風景最も佳絶なりしが、島民はこれに反し、その性すこぶる殺伐にして、他人を殺傷すること豚肉を切るが如く、更に意に介する所なかりしと云う。故に犯罪者は時々逃走を企て、森林に隠匿し、同犯者の六人を飢餓に迫りたる末食いしと云う。故に当時の監獄官は、在監者を罰することすこぶる酷にして、ある囚人は懲役に服するよりはむしろ死するを以て勝れりとせり。海軍大佐マコノーチーは、一八四〇年この島の知事として赴任し、かかる在監者を憫《あわれ》み、彼等の奴隷的境遇を脱せしめんと欲し、種々の考案を設けてこれが改良に着手せり。これより先、マコノーチーは一八三七年下院に罪囚改良に関しての建議案を提出せりと云う。

一八三二年、ダブリンの大監督［大主教リチャード・］ホエートリーは、犯罪者を長期間拘禁することは大いに弊害を醸生《じょうせい》すべきを憂い、在監者に作業を附加して奨励すべき必要を唱道せり。その［チャールズ・］グレイ公に奉りる書簡中に左の如き語あり。

一　品行方正にして作業に勉強せる在監者は、その報酬として刑期を減縮す

マコノーチーの標点法

ること。

二　在監者の作業に対しては、工銭を給与すべきこと。

三　在監者の謹慎の程度に従い、刑期を延長すること。

一八四〇年、マコノーチーが罪囚改良に就き、下院の流刑調査委員に与えたる建議案には謹慎および作業上の勉否に依って、犯罪者の入監期限を長短すべし。然れども罪囚はその刑期の最長期限を超越せしむべからず。而して在監者の謹慎と作業上の勉否を知らんには、標点法《マーク・システム》 Mark System に依るべしと云えり。マコノーチーの採用せる方法は、則ち今日の階級制度の精神に適いたるものにして、在監者の運命は一にその両肩に係ることを知らしめたるものなり。

階級制度の主義
その根本的基礎

希望とは何ぞ

第十一章　クロフトンと階級制度

階級制度の主義

階級制度の根本的基礎は、腕力もしくは体刑に代うるに、道徳的勢力を以てするにあり。即ち司獄官吏の意思と在監者の意思とを一致結合せしむるにあり。而してその道徳的勢力を在監者の一身上に於ける第二の天性となすまでに訓練するものなれば、その根本的主義は、進級の方法に依りて在監者を間断なく、奨励するものなり。しかのみならずこの制度を実行するに付き最も勢力あるものは、在監者の希望心を旺盛ならしむるにあり。

およそ人生に於いて最も大切なるものは希望なり。人類を分けて一種のものを善人とし、一種のものを悪人とせば、我等普通人民は善人の部類にして、在監者は悪人の部類に属す。而して両者いずれの部類に最も多くの希望心ありやと云うに、我等普通人民に希望心多くして、在監者に少なきは言を待たず。何故に在監者に希望少なきか。彼は悪人として法律上の断案を下され、信用すべからざる者として、骨肉知己に見離され、親あるも親と頼む能わず、子あるも子と親しむ能わず、妻あるも妻を愛する能わず、国家ありてこれに仕うる能わざる憐ればかなき者なりとす。それ故に在監者には希望心甚だ少なく、また希望心を起すの因縁薄弱なりと謂うべし。希望心なきものに勤勉の心、耐忍の徳あるべき理なし。不便利を忍べてまでも道徳を格守するの精神なきなり。これを以て希望は人類を活動せしむる所の原動力なり。希望心なき者は人類として人類にあらず。希望心なき人はあたかも脊髄なき人体の如し。脊髄なき人間が直立すること能わざるが如く、犯罪者は社会の競争場裡に立つこと能わざるものなり。希望はあたかも不倒翁の如し。幾度転倒するもまた起き上るなり。畢竟監獄より放免せられたるものの多くが自立して正業に就く能わざる所以のものは、種々の原因ありといえども、その重なる原因の一は、希望心薄弱なるが故なり。希望は不便利を忍び、また能く困難に耐え得るものなり。人類中最も希望心に乏きものは犯罪者なり。畢竟クロフトンが、階級制度を創設して、犯罪者に希望心を旺盛ならしめんとせしはこれが為めなり。習慣は一朝一夕にして養成せられざるを以て、この制度に依るときは、在監者の刑期は五年より短かるべからず。勿論ある監獄に於いては階級制度を実行しつつ、五年より短き

クロフトンの階級制度
階級の区別
第一階級
執行の場所
男監および女監
役業
食物

刑期のものなきにあらずといえども、階級制度を実施するに当たりて、余りに刑期の短縮なるはその感化力を薄弱ならしむるものなり。

クロフトンの階級制度　第一階級は懲罰級にして厳正分房なり。在監者にしてもし犯則をなすならば、第一階級は時として九ヶ月に延長せらるべし。第二階級は感化的分子多くして、クロフトンはこれを名けて改良級と呼べり。第三階級は即ち試験的階級にして、監獄と社会に架設したる橋梁の如きものなり。

クロフトンはいかなる方法を以てこの制度を実施せしかは左に述うるが如し。

第一階級　はダブリンに於けるマウントジョイに於いて執行す。この監獄を二分すれば第一部は男監にして、第二部は女監なり。而して両者いずれも厳正分房とす。男監は懲罰的分子多くして、入監当時は塡絮摘発《まきばだてきはつ》 Picking Auchum（空役）に服役せしむ。この空役に服すること三ヶ月にして、後罪囚は靴、裁縫、蓆《むしろ》および機織《はたおり》等に服役す。而して入監せし初めの四ヶ月は肉類を食せしむ

病囚
教誨
分房

ることなく、その次の四ヶ月間に於いては一週二回肉食を与《あた》う。然れども在監者の食物はその営養《えいよう》を妨げざる限りは淡泊なり。病囚は医師の命令に依りて適当のものを給与す。

い、教誨は毎日曜日に三回の説教ありて、その第一回はローマ教徒の為めに、第二回は英国国教徒の為めに、第三回は長老教会《プレスビテリアン・チャーチ》に属する信徒の為にす。而して三教派の教誨師は等しく在監者を病監もしくはその分房に訪問して、適当の教訓を施すものなり。

この制度は在監者の成績に依って進級せしめたる後放免するが故に、在監者の行状、教育および作業等の成績は、最も注意して身分帳に記入するなり。故に階級制度は在監者をして希望、勇気、喜悦および忍耐の諸徳を養成せしむるものなり。

この階級に於いては、入監の当時は、在監者を厳正分房に附すといえども、しばらくにして分房の門扉を一部分開き、後終日を通して開扉するに至る。然れども在監者にして犯則または先行等あれば、先に与えたる優遇は、直に停止せらるるなり。

第二階級
執行の場所
作業
公役業
その組の区別
標点法

この階級にては、在監者は教誨堂、教場および運動場等に於いて集合することありといえども、相互の交際は厳密に禁止せらるるなり。

第二階級　この階級は前にも述べたるが如く、進級的組織にして、監獄の所在地は、アイルランドの極南スパイク島にあり。イーノック・コッブ・ワインスがこの監獄を訪問せしときは、一八七五年にして、当時の罪囚はおよそ七百人なりしと云う。在監者の作業は船渠《せんきょ》を築造することにして、いわゆる英国に云う所の公役業なり。

この監獄にては罪囚を分つに四組《フォー・クラス》を以てす。即ち第三組、第二組、第一組および最高組なり。いかにして在監者の成績を記入するかと云うに、一ヶ月九点《マーク》を附与するを以て最高成績とす。即ち作業に勉属せるものに三点、品行すこぶる良正なるものに三点、教育に優等なるものに三点、併せて九点なり。

マウントジョイ監獄に於いて、成績の良好なりしものはスパイク島に於いてはこれを第三組に編入す。而して「マウントジョイ」より来る囚人は

（一）極々上　Very Satisfactory

（二）極上　Very Good

第二組へ進級の方法

第二組より第一組に進級の方法

第一組より最高組に進級の方法

（三）上　Good

（四）普通　Ordinary

（五）下　Indifferent

の五分類に区別し、極々上なる囚人は二ヶ月に十八点、極上は三ヶ月に二十七点、上は四ヶ月に三十六点、普通は五ヶ月に四十五点、下は六ヶ月に五十四点を得るにあらざれば、第二組に進級することを得ず。

この如く、「マウントジョイ」監獄の厳正分房に於いては、在監者の成績は将来に影響すること極めて大なるが故に、既にこの監獄を出て、第二階級に移る在監者は、概ねその最大多数は、極々上の名誉を得るものなりと云う。

第二組より第一組に進むには、六ク月の数に均しき、五十四点を得ざるべからず。第一組より最高組に進むには、一年に該当する百八点を得ざるべからず。而して成績の良好なる罪囚と良好ならざる罪囚とを区別せんには衣服と徽章《きしょう》の差異とを以てするにあり。（「エルマイラ」監獄に於いてもこの制度を採用せり。即ち第一階級は鼠色、第二階級は黒色、第三階級は赤色とし、これに依って各処遇者を異せるが如し）

在監者を処遇するの方法は以上述べたるが如く道徳的奨励にして、もし犯則者あるときは、その懲罰罰たるや、給与工銭の減額および標点《マーク》および特権を褫奪《ちだつ》する等なり。もし在監人にして甚だしき犯則をなすものあるときは、「マウントジョイ」監獄なる第一階級に反送して、入監当時と同一の処遇を施すものなり。

第三階級　この監獄は「ラスク」と名づけられてダブリンを距る十二マイルの地にあり。この第三階級を「ラスク」監獄と云わば、すこし語弊あるが如し。如何となれば第三階級は純然たる監獄にあらず。然りといえどもまた自由社会にもあらざるなり。即ち監獄と自由社会に架設したる一種特別の場所なり。

この如き場所に、囚人を拘禁するには、二ツの目的あり。

（一）在監者は果たして誘惑に抵抗し得るものか得ざるものかを試験するにあり。

（二）六ヶ月を超えざる間、なお囚人を訓練するにあり。

この二大目的を有する「ラスク」監獄は、前の不自由極りたる監獄とは大いにその趣を異にするが故に、その場所の如きも、天然の感化力多き風光絶佳の地を選びたり。而して在監者を容るるの設備は、およそ百名を超えざるの程度にして、イーノック・コッブ・ワインスが訪問せし時の如きは僅々五十人の在監者ありたるのみ。

その成績

この「ラスク」監獄の成績はすこぶる良好にして、二十年間に在監者にして逃走せしもの僅々二十人に満たざりしと云う。

ウィヘルンの言

その感化事業を以てその名を世界に知られたる「ヨハン・ハインリッヒ・」ウィヘルンの言えるが如く、

最も堅固なる墻壁《しょうへき》は、真正の墻壁にあらず The Strongest Wall is no Wall

とは、この「ラスク」監獄に於いてその真理なるを証するに足らん。

女囚

女囚の為めにもまた同じく、「ラスク」監獄の如きものあり。この建造物はダブリンを距る三マイルの地にありて、「ゴールデン・ブリッジ・レフュージ」と称す。その方法と組織は男監と同一なるが故に、ここにはこれを省略す。

獄制の発達
分房制度
「シング・シング」監獄
「ミルバンク」監獄

第十二章　英国現今の監獄制度

獄制の発達　英国の獄制発達はすでに一世紀半を経過したるものにして、彼の分房制度と称するものは、一七七五年ジョン・ハワードすでにこれをゲントの「マイソン・デ・フオース」摸範監獄に見ることを得たり。而して彼はこれを世界の摸範監獄として称揚するに至れり。

一七八六年フィラデルフィア府の「クエーカー」宗徒は、同一の獄制をフィラデルフィア府ウォルナット町に建設し、続てエラム・リンズ Elam Lynds はその主管する所の囚人を使役して分房監をニューヨーク洲シング・シングに建設せり。世にいわゆる「シング・シング」監獄なるもの即ちこれなり。

一八一六年英国に於いては、テームス河畔に、同主義に基せる分房監獄を建設せり。これ即ち十九世紀の始めに於ける模範監獄にして「ミルバンク」監獄は即ちこれなり。而してその建築経費の如きは五十万「スターリング（十円位）」を費せりと云う。また以てその経営の大なるを知るに足るべし。

「ペントンビル」監獄の起源

分房制度に対する英国民の意向

囚人の減少

続いて一八四〇年「ミルバンク」監獄の評議員は極端に分房制度を採用したることを攻撃せられ、これを緩和せざるべからざるの運命に遭遇せり。然れども一度採用したる厳正分房なりしを以て、容易にその紀律を緩和すべからざるを知り、他に一線の血路を開くに足れり。これ即ち「ペントンビル」監獄の起原なり。「ペントンビル」監獄に於いては寂莫分房期限を二年より十八ヶ月、十八ヶ月より十二ヶ月、十二ヶ月より遂に現今に行わるるが如く九ヶ月となすに至れり。その期限を減縮したりしことは、いかに分房制度が世人より誤解せられ攻撃せられたりしかを見るに足るべし。今日といえども英国の与論は九ヶ月を以てなお長しとなし、これを六ヶ月に減縮せんとの議すこぶる盛なり。

今を去る十八年前、英国およびウェールズの地方監獄 Local Prisons に於いては、その囚員二万〇八百三十三人なりしが、十年の後即ち一八九一年に至ってはその囚員一万四千五百三十六人となるに至れり。即ち地方監獄に於いてはその十年間に於いて囚員六千二百九十七人を減少するに至れり。同く今を去る二十一年前、英国およびウェールズの重罪監獄 Convict Prisons に於いてはその囚員一万〇六百七十一人なりしが、十一年の後に至りては、六千九百二十一人となれり。即ち十年間に於いて、英国の重罪監獄はその囚員三千七百五十人を減少するに至れり。

英国監獄制度の発達は理論を実際に応用したるが為めに発達したるものにあらずして、過去一世紀半間に於ける経験より発達したるものなり。

流刑制度の廃止

英国流刑制度はほとんど一世紀の間継続せしが、遂に一八六七年に廃止せられ、その結果は国外に数多の犯罪者を移住せしむること能わざるが為めに、英国内に犯罪者の洋溢するを恐れたるもの多かりき。これと同じ理由に依りて、重罪犯者の多数を絞罪《ハンギング》に処することを停止せば、重罪犯者はすこぶる増殖するならんとの恐懼心《きょうくしん》を懐《いだ》きたるもの多かりしが、事実は全くこれと反対にして、絞罪を廃止したる後、数年間は僅々十五人を死罪に処したるのみなりしと云う。これに依ってこれを観れば、絞罪を廃したる後は、廃せざる以前よりも重罪記者の少数なりしこと論を俟《ま》たず。

大なる改革

英国に於ける監獄改良は実に見るべきもの多く、ただに流刑制度を廃止したるのみならず、更に緊要なる改革は一八七八年四月一日に起こりたり。この年に於いては英国およびウェールズの地方監獄を中央政府の監督に移し、この改革に依りて百十三の地方監獄を

地方監獄および重罪監獄

地方監獄の刑期および拘禁者の種類

両監獄の相違

九十五に減じ、同一の法律を以てこれを支配するに至れり。その結果として英国の監獄改良は著しき進歩を見るに至り、特に経済上にはすこぶる余裕を生じたりと云う。

在監者死亡数の如きも、その改革以前にありては囚員千人に十一人の割合なりしが、改革以後は八人に減少するに至れり。

地方監獄および重罪監獄　地方監獄の刑期は二年を以て最長刑期とし、一日を以てその最短期とす。而して犯罪者の種類は負債者、誹毀者《ひきしゃ》、乱酔者および窃盗等にして重罪監獄の刑期は終身を以て最長刑期とし、五年を以てその最短期とす。これを以て英国に於いては三年と四年の刑期は刑法に於いて規定せず、もし二年の刑期を以て軽きに失すとせば、繰り上げてこれを五年もしくはその以上に宣告ずるを常とす。

地方監獄と重罪監獄とは、その紀律に於いては更に異なる所なく、これらの監獄は内務大臣もしくは監獄監督長官の主管に属す。然りといえども地方監獄と重罪監獄とはその監獄局を異にせり。両者共にその局長を有して、責任はこれが監督長官にあり。而して両監獄共に囚人を拘禁するに当たり、分房拘禁の

司獄官の任命

改良の結果

恩給

初期に於いては、空役を以てす。

而して作業は公役業にして、道路の修築、港湾の築造、橋梁の架設、海陸軍、郵便局および監獄等の物品を製造するにあり。地方監獄は囚人と共に刑事被告人をも拘禁す。刑事被告人には自ら好むにあらずんば服役を強ゆべからず。また被服の如きも自己の欲するものを着用せしめて、監獄は敢えてその自由を束縛せず。然り而して経費の如きは地方監獄を中央政府の監督の下に移してより以来、一年に四十二万ドルを節減するに至りたりと云う。

司獄官の任命　下等司獄官の任命および昇級等の方法はすこぶる整頓せり。下等司獄官の任命せらるるときは、その試験は普通試験委員、Civil Service Commissions および上等司獄官の司る所にして、任命せられたる官吏にして精勤せば昇級の途あり。前の監獄局長デュケイン曰く「地方監獄を中央政府に直轄するに至りたる以後は、官吏の任免に政治的分子もしくは個人的の私情を交うる等の弊害を免るるに至りたり」と。この改良の結果は、司獄官吏に適当なる人物を得るに至れり。而して司獄官にして終身身を監獄に委ぬれば、彼は恩給に与かるべし。もし十年以上勤続するときは、一年毎に月俸の六十分の一

タラックの意見

感化院ならびに工芸院

感化院

より六分の一まで増給せらるるに至るべし。この昇級法は自然経験に富める司獄官を得るに至るなり。現今英国司獄官の多数は退職の佐官にして、紀律を励行するにはすこぶる善しといえども、事務に材能なきが故に、司獄官としてはすこぶる不適当なりと謂うべし。ウイリアム・タラック曰く「英国監獄制度の長所は種々ありといえども、司獄官吏の任命、特に典獄を採用するに軍人を選ぶが如きは、策の得たるものにあらず、これを以て監獄界に於いては勢い適当なる人物を得る能わず。而して軍人の素養は犯罪人を処遇する点に関してはすこぶる不適当と云わざるべからず」と。至言と謂うべし。

感化院ならびに工芸院

デュケイン曰く「英国に於ける犯罪者中百分の五十八は、十五歳未満の少年にして、概ね彼等は不正直の為に犯罪せしものなり。（仮令彼等は逮捕せられずとするも）感化院へ収容すべきものは十六歳未満または十日以上の刑に触れたるものにして、十歳の小児といえども、再犯者なるときはこれを感化院に送り、而してこの種類の小児の内少数のものは普通の監獄に押送せらるるものなり。而して英国およびウェールズに於ける感化院児の総数はおよそ七千人なり。

工芸院

工芸院に収容すべき少年は十四歳未満にして、刑法に触れたるものにあらず。いかなる種類のものを収容するかと云うに、（第一）淫売婦と居を同じくするもの、（第二）窃盗者に使嗾《しそう》せらるるもの、（第三）糊口の途なくして漂泊するもの、（第四）乞丐または施与を乞うもの等なり。

工芸院に収容したるものは、一八六四年に於いては一千六百六十八人なりしが、一八九〇年に至りては一万八千人となるに至れり。最近の統計に依れば感化、工芸両院に於ける在院者は、概ね三万人なりと云う。

両院の維持法

而してこれら両院の維持費は一部分政府より、一部分両親より、一部分教育費より、一部分私人の寄附に成るものにて、総経費の半ば以上は政府よりこれを支出し、而して最近の統計に依れば、感化院の為に支出する経費は一年四十五万ポンド即ち我が四百五十万円にして、内務大臣は該両院を監督する為めに巡閲官を任命すと云う。

現今の階級制度

（一）地方監獄　地方監獄に拘禁せらるる犯罪者は、入監当時の処遇はすこぶる懲苦を感ずるが如し。彼等は入監の当時、少くとも一ヶ月を分房に服従せざるべからず。而してその作業の種類はいわゆる彼の公役業にして、生産的作業をなす能わず。然り而して、総ての在監者は就役するに先ち、医師をして体力の作業に匹適するや否やを診断せしめたる後にあらずんば就役せしめざるなり。

（い）食物　新入監者は初組《ナンバー・ワン》にては、その食物すこぶる小量のものにて、朝飯は麺包《パン》の八「オンス」、昼飯は麦粥四合半、夕飯は麺包《パン》八「オンス」を与え飲料は水を給せり。入監当時の一週間はこの割合を以て供給せられ、第二組《ナンバー・ツー》に進むに従い、食料やや善きものを給与せらる。而して、第三組《ナンバー・スリー》は第二組よりも善く、第四組《ナンバー・フォー》は食料大いに善良となり、健康を保持するに於いては更に故障なしと云う。

（ろ）寝床　新入監者その初週に於いては、単に敷物なき板上 Plank bed に臥し、一週間の後は一週五日間だけ敷物ある寝床を与え、入監後一ヶ月を経過せば、毎夜敷物を給与せらるるに至るなり。

分房拘禁一ヶ月を終らば、在監者は教誨堂に出席することと、戸外に於いて少時運動を許可せらる。在監者にしてなお能く謹慎するに至れば、工場に於いて他囚と雑居して服役することを得、これに反して獄則に背反するときは彼等は分房に長時間を費さるるべからず。これを以て彼等は謹慎の程度いかんに依りては接見、通信および少額の給与工銭の特権に与かることを得べし。

（二）重罪監獄

重罪監獄は前にも述べたるが如く、五年以上終身に至るまでの犯罪者を処遇する場所にして、長期囚は裁判確定するや否や、直に重罪監獄に押送せられず、まず彼等をその初期に拘禁すべき目的を以て建設せられたる、地方監獄の内最も整頓せる「ペントンビル」監獄および「ウォーム・ウッズ・スクラップス」監獄に押送せられ、その刑期の初めの九ヶ月間を厳正分房に附せらる。この分房拘禁中一種の作業を設備して、戸外に出づることを許さす、もっとも教誨堂に出席することと、運動時間はこの限りにあらず。この厳正分房の九ヶ月間はいかなる事情あるも、決してその刑期を短縮せらるるが如

試験級

第一階級

第二階級
第三階級

特別級

女囚

きことなし。犯罪者はこの分房拘禁中に於いて、その将来を沈思黙考するが故に、改良上すこぶる効力ありと云う。この九ヶ月間の厳正分房の終りに於いて、在監者は重罪監獄に移さる。もし分房拘禁中の成績善良なるときは、彼は重罪監獄に於いて他の在監者と雑居服役することを得るに至るべし。

既に厳正分房の九ヶ月間を経過すれば、いわゆる試験級に移さる。この試験級に居るべき時間は三ヶ月にして、この三ヶ月間に於いて謹慎勉励なるときは、初めて階級的処遇に与るに至る。即ち第一階級は一年間にして、この一年間に於いて失行あるにあらずんば、決して除級せらるるが如きことなし。この一個年に於いて充分なる標点《マーク》を得れば、彼は第二階級に昇級し得べし。この第二階級に於いては特権徐々に増加し、いよいよ謹慎するに至れば、第三階級に進みてその刑期の四分の一を軽減せらるべし。而して放免のときは三ポンド（我が三十円）の給与工銭を受け、成績非常に良好なる者には六ポンド（我が六十円）の給与工銭を与えらるべし。六ポンドの給与工銭を得たる在監者は特別級なるものありてこれに編入せらるべし。この特別級に至るべきものは、その放免の期日数週に及ぶにあらずんば編入せらるることなかるべし。女囚はその待遇概ね男囚と異なるなしといえども、ある点に於いては男囚よりもなお一層の便宜を有することなきにあらず。即ちその刑期の三分の一を軽減せらるる如きは一例と云うべし。

女囚の放免者にして前途特別の望みあるものは、避罪院と名づけられたるものありて、放免の数ヶ月前に於いてこの場所に移さるるなり。避罪院はその外見よりするも、内部より見るも監獄の性質を有せるものにあらずして、最も好き感化を以て囲繞せらるる家庭《ホーム》なり。この内に於いてなお一層の訓戒を加え、これと同時に職業をも探求したる後にあらざれば、放免せず。故に彼等には免囚保護事業の必要なきなり。

以上陳述したるものの外、初犯者にしてその犯罪むしろ過失に近きものの為に星辰組《スター・クラス》 The Star Class なるものあり。この組に編入すべき囚人は、身分を精密に調査したる後、全く初犯者にして習慣犯者にあらざること判然する時は、彼等はこの名誉ある組に編入せらるべし。この組に編入せられたる囚人は、他囚と離隔して、その悪勢力に感染せざらしむることを期す。然れども他の囚人と異なりて特に優遇するが如きことなし。而して彼等の罪質はむしろ過

仮出獄

監獄および監獄局

監督の方法

失にして、習慣犯者とは大いにその趣を異にせることは、当局者に於いても既に業に充分認識したるが故に、習慣犯者とは特に注意区別して処遇す。

以上述べたるが如くなるを以て、この組より放免せられたるものにして、再び監獄に帰りたるものはすこぶる稀なりと云う。

いずれの男囚も、刑期四分の一を経過し、その成績良好なるときは仮出獄を申渡さる。もしその規定に戻るが如き所業あるときは、再び監獄に呼戻され、残余の刑期を監獄に於いて過さざるべからず。仮出獄に処せられたるものは、毎月警察署にその謹慎を表する為に出頭し、警察署に於いてはその時々の状況を精密に記録して、後日の参考となし、もし仮出獄者にして監視規則に違背する等のことあらば、直に処分すべし。

監獄および監獄局　監獄を監督するものは監獄局にして地方監獄は監獄評議員 The Board of Commissioners に依りて支配せられ、重罪監獄は監獄局の支配する所にして、両局共に時々監獄を巡閲す。而して各監獄に於いては、すべての懲罰は細大漏す所なくこれを両監獄局に報告し、もし体刑 The Several forms of punishments, including Whipping の必要あれば、一応両局長の同意を得たる後にあらずんば執行するを得ず。この両局の外に監獄巡閲官としては、訪問委員 Visiting Commiter なるものありて、無報酬にて時々監獄を訪問す。而して囚人もし情苦を訴うることあらば、これを聞くことを得るといえども、治獄上に立入りて典獄を詰問することを許さず。もしその監獄に奨害あることを発見せば、訪問委員は直に内務大臣に向かって報告することを得べし。而して訪問委員なるものは、内務大臣これを任命す。

訪問委員

宗教、教育、および作業教誨

宗教、教育および作業　英国いずれの監獄に於いても、一人の教誨師あり。特に大監獄に於いては、補助教誨師ありて、主任教誨師を助く。英国の教誨師は、概ねその国教に属すといえども、なお他にローマ数の僧侶ありて、その宗派に属する在監者を教誨す。監獄教誨師は宗教を説くと同時に、教育をもなすものなり。教誨師の下に教師ありて、在監者に普通教育を授く。教誨師の職務はただに説教するのみならず、また能く罪囚をその分房に訪問して、個人的教誨をも施す。監獄評議員の云う所に依れば、罪囚感化に於いて文学的教育は世人の思う程に効力あるものにあらずと。また常に在監者と接触する、下等司獄官吏の云う所に依れば、教誨の効力も当局者の思うが如く大なるものにあらず

と。英国某司獄官その監獄教誨を評して曰く
監獄教誨師は宗教を説くに当たりて、その宗教を在監者の喉に押し込まんとし、在監者はこれを受けしも拒絶するの状あり。They say the chaplainstry to crowd religion down the Convicts throats, and the Convicts reject it
と。この言すこぶる奇異に失するが如しといえども、また能く真実を穿ちたるものにして、在監者を改良するの要素としては、宗教の大切なること素より論を俟たずといえども、単に宗教のみを注入して在監者を改良せんとするは、浅見もまた甚だしと謂わざるべからず。在監者の改良は宗教、教育および作業の併行するにあらざれば、感化の実を挙ぐる能わざるべし。教誨師たるものここに鑑みる所なくんばあるべからざるなり。

作業

英国の作業は、重《おも》に公役業にして海陸軍、警察、郵便局、および監獄それ自身の為めに物品を製造し、また時としては在監者をして、城寨、築港および道路の工事等に使役せしむ。而して機械力に依りて物品を製作するが如きは、英国に於いては注意して避くる所なり。

経費

英国在監者一人に付一年の経費は百七十五ドル（我が二百五十円）にして、

英国監獄費の一年の経費中三分の二は作業より収入せりと云う。

免囚保護事業

英国の犯罪予防条例（一八七七年条令）第八条に曰く

再犯者は満期の後七年またはそれ以下の年限に於いて監視に附せらるべし。その監視期限内に於いては警察官は被監視人の家屋を訪問し、而して被監視人は毎月一回その実状を警察署に報告すべし。もしこの規程に背くものあるときは一年の懲役に処すべし

と。以上の監視規程は、軽罪囚に適用すべきものなりといえども、重罪囚にもまた同一なる監視規程あり。而して被監視人が正業に依らずして、生活することを発見するに至らば、原刑期より軽減せられたる時日は、監獄に於いて再び服役せざるべからず。英国に於いては「中央犯罪記録」A Central Register of Criminals なるものありて、その初巻は一八七六年に出版されたり。而して一八六九年十二月一日より一八七六年三月三十一日の間に於いて、一万二千百六十四人の姓名を記入せり。この記録は爾来年々出版せられて、英

「犯罪者明記録」

国の各監獄署に備付けられたり。而してこの帳簿に記入すべき事項は、その身体測度法の式に依りて、犯罪者の経歴を明白に記入すると同時に写真をも貼用するに至るが故に、一見してその再犯者たることを知り得るの便益あり。しかのみならずこの外「犯罪者明記録」Distinctive marks Register なる帳簿ありて、各警察署に於いて再犯者の姓名疑わしく、またはこれを知るに困難なるときは、この帳簿に依りてその者の履歴を探索するの便あり。且これに依りてその者は再犯者なるや否やを明らかに知ることを得べし。この両帳簿は再犯者をして、偽名しもしくは罪悪を遂行し能わざらしめん為に設備せられたるものなり。

出獄人保護の法令

英国に於いては出獄人保護に関して、一法令一七九二年に国会を通過し、裁判所の検事および刑事たるものは、在監者の出獄に際し、彼等が附属する教区に、彼等を送るべき義務あり。而して一八二三年の監獄条例 The Good Act of 1823 に依れば、各監獄の巡回検事は、出獄者の職業を発見せんが為めに、出獄者を適当の場所に遣わすべき義務あり。而してその費用は各監獄に属する慈恵費を以てこれに充つることとなせり。一八〇二年出獄人保護協会を設立すべ

保護協会の設立

き法律通過し、検事は出獄者をして正業に勉励せしめん為に金銭を貸与し、またはこれを与うることあり。一八五七年重罪監獄より放免せられたる犯罪者の為に保護会設立せられたり。

現今保護協会の状況

一八七八年地方監獄が中央政府の管理する所となるや、英国およびウェールズに於ける各監獄と関係ある出獄人保護会は二十九個の設立を見るに至れり。ただに英国およびウェールズのみならず、スコットランドに於いて六個、アイルランドに於いて二個の保護会を設置せられたり。爾来英国に於いては、この事業すこぶる発達し、すでに出獄人保護会と名づけられたるもの六十三の多きを見るに至れり。而して名称は異なるといえども六十三個の保護会の外になお四十二個の協会《アッシェーション》または「ホーム」の設立を見るに至れり。

その費用

英国に於いては出獄人保護に費す所の費用は、一部分在監人の給与工銭より、一部分政府より、一部分有志家の寄附より支出す。而して政府より保護事業の為に支出する金額は、毎年四千ポンド（我が四万円）なりと云う。また以て英政府の新事業に注意するの深きを見るに足るべし。

犯罪者の駅伝
十八ヶ月間の分房生活

第十三章　「ペントンビル」監獄

本章はハーバート・ジョン・グラッドストンを委員長として、八人の委員より組織せられたる調査会の報告にて、一八九五年に成りたるものなり。而して本章に於いて、生等とあるは調査委員のことにて、該報告書をそのままに翻訳したれば読者はその積りにて読むべきなり。

「ペントンビル」監獄は、流刑の宣告を受けたる既決囚を収容する為に。間然する所なき新思想を基として計画せるものにして、ここに収容すべきものは概ね初犯者にして、その年齢十八年以上三十五年以下に限られたり。成年囚には「ペントンビル」、幼年囚には「パークフォレスト」監獄ありて、その趣旨とせる所は過酷の刑罰を科するにあらずして、教育感化の実を挙げんとするにありき。「ペントンビル」監獄は実に犯罪者の殖民地に至るの駅伝たるものなり。而してここに入りたる既決囚は十八ヶ月間は分房生活をなさざるべから

道徳の訓練

謹慎者の解散

グラハムの書状

ず。然れども教誨師および司獄官の訪問は自由にこれを受くる事を得るなり。彼等はまた生産的作業の訓練および階級制度に依って教育を受くべきものなり。彼等はまた教誨堂に於いて説教を聴くべきものとす。彼等は常に快活の状況にあるを以て、希望気力決心および正直等の諸徳を絶えず注入せられ、且つ一身の生活を営み得るに充分なる資格を具え、以て新殖民地なる社会に於ける厳然たる一員たるを得べき訓練を受くるものとす。

もし十八ヶ月以内に於いて、謹慎の実を挙ぐるときは、ヴァン・ディーメンズ・ランド［タスマニア］に上陸後解散の券状を授けらるべきなり。

右の計画に関するサー・ジェイムズ・グラハムの書状は、その全文を一読すべき価値ありとす。この書面に依れば、監獄制度の欠点に関しては、世上の物議かつて絶えざるにも拘わらず、当時の内務大臣が在監者その者の利益を主として、最良の処遇方法を案出せんが為め、苦心惨憺たりしことは、これを現今の最も熱心なる監獄改良家に比較するも、敢えて遜色なきを知るに足るべし。

サー・ジェイムズ・グラハムの計画は、その本国に於ける処遇に関するものにありては、外観上好成績を挙げたりと云うを得べし。然れども犯罪殖民地に於ける已決囚に関する永久の結果に至りては、生等これを追究する能たざるなり。

監獄調査委員の報告

一八四四年に於ける「ペントンビル」監獄調査委員の報告中に、該監獄の設備を記述せること左の如し。

監内の整理

心性の開発

在監者の入るべき監房の広さ、配置および空気の流通はすこぶるその当を得たるを以て、生産的作業を営むに於いて敢えて不便を感せず、且つ大いに在監者の健康を維持し、また快活なることを得せしむ。在監者は常に作業の素品を供給せられ、作業に就くを要せざるときに当たりては、その監房に備えられたる書籍、石盤その他筆紙墨に由りて心性の開発をなすを得べし。彼等は毎日開豁《かいかつ》なる場所に於いて運動を許され、且つ毎日教誨堂に於いて学校組織に依って教育せらるるものなり。その監房内にあるときは昼間と夜間を問わず、鈴声の便利に依って数分時間を出でずして、司獄官吏の来臨を求むることを得るなり。

在監者を猛省せしむる企図

監内排悶の器具

行状の良否により て階級を立つ

右に述ぶる分房制度に依り、在監者の精神上および行為上に及ぼせる結果は、すこぶる多しとすべきものあり。在監者のその監房に入るや、自己の位置に関して正当の視察を為し、大いに悔改の域に進むものの如し。特に入監の初の数ヶ月に於いて然りとなす。而してその退歩を防止するは前すでに説明せる方法に依るものなり。即ち絶えず作業を供給し、司獄官および授業手の訪問を頻繁にし、且つ在監者をして、いつなりとも司獄官吏の来臨を求むることを自覚せしめ、毎日開豁《かいかつ》なる場所に於いて運動せしめ、また教誨堂および学校に出席せしめ、その他勉学および排悶の器具を監房内に給与する等、特にその効あるを見る。(米国にては監房内に絵画を掲げたり。英国は排悶器具としては他の物品を監房に役備せり。いずれも監獄的生活の寂寞より生ずる害を防がん為の備に外ならざるなり)

該監獄に於いては、在監者をその行状の優劣に従って、これを上中下の三階級に類別せり。この点に関しては右の報告中に記述すること左の如し。

奨励の方法

「ペントンビル」監獄の成績

在監者は総て上級に編入せられんことを希望するの念すこぶる切なる色を顕わせり。これに於いてや在監者中の品行方正なるものは、一定の時期に於いて上級に編入せらるべき標証を受くることを得べき方法を設くるの議起これり。この目的を実行するが為めに六ヶ月間品行方正の実を挙げたるものには、その上衣の袖に一条の赤線を画《えが》き、またその品行を失墜することなくして持ち続けたるものには、十二ヶ月の終に至り、更に一条の赤線を加うることを定められたり。右の方法は非常の成績を奏したるを見る。即ち六ヶ月もしくはそれ以上入監せる在監人四百二十五人に付き、品行方正の標証を受くること能わざりしものは、僅々七人なりしと云う。

右の報告はまた該監獄の一般の成績を記述して曰く。

これら感化的施設の結果の良好なりしことは、在監者の収容せらるるや、短日月の間にその精神上および品行上に非常なる進歩を来せることに徴してこれを知るべし。生等は監房を巡視せる際下の如き事実を認めたり。即ち従来在監者をして不快の念を懐かしめたる如き作業は全く廃止せられ、在監者は自動的進歩の域に達せり。彼等は喜んで監獄の規則に従えり。彼等は科せられたる作業を習得せり。教育および感化の主義に基いて設けられたる紀律の下に処遇せらるることに対して感謝せり。これを要するに、在監人はその受けたる道徳的および宗教的訓練の価値を正当に解釈し、これに対して大いに感奮せるを見る。

分房期を九ヶ月に短縮す

その後一八四八年に至るに及びて、十八ヶ月間の分房生活を以て長に過ぐるとなし、更に分房制を基礎としてその最長期を十二ヶ月に限り、これを過ぐれば雑居的労役に就かしむべきの制度を案出すべきことを議決せり。然るに一八五三年に至りてロード・パーマーストンはこの期限を一層短縮して、これを九ヶ月とせり。サー・ジェイムズ・グラハムがこの期限を以て専ら感化の実を挙ぐるの用に供せんとせし当初の主意は、十五年の後に至りて全くその痕跡を失いたるものの如し。即ち一八五六年に於ける衆議院の特選調査委員はこの分房制を称賛せりといえども、その感化的性質は全くこれを看過し、而してこ

分房期の短縮グラハムの主意を失わしむ

流刑制度の廃止

懲役条例の効力

分房的監房の増加

分房拘禁の目的は遂に脅嚇主義に変ず

ゼップの言

の制度は各刑期の懲役に対して総てこれを適用すべきことを提議せり。

流刑は廃止に帰し、ジブラルタルの既決監獄は廃棄せられ、一八七五年以後は既決囚は悉く本国に於いて服役することとなれり。

懲役条例の効力に依りて、一八五七年の後は、既決囚たるものは、その刑期の始めの九ヶ月間は分房的拘禁を受くるに定まりたり。この種類の犯罪者を拘禁する分房的監房は、元来一の「ペントンビル」監獄のみに限りしが、その後に至りては「ミルバンク」「ウォーム・ウッズ・スクラップス」およびその他の監獄はまた同一の目的に使用せらるるに至れり。

これを一八六三年に於けるサー・J・ゼップの証拠に徴するに、分房拘禁の重なる目的は一変して脅嚇《きようかく》主義となりたるものの如し。ゼップの言に曰く

教育ある在監者は、性質不良のものおよび社会上の位置卑きものと雑居するを嫌忌するが故に、むしろ分房的拘禁を選択するに至るべし。然れども強窃盗およびその他の頑悪なる在監者に対して、脅嚇の実を挙ぐること分房拘禁の如きものは、各種の紀律の中に於いて一もなかるべきを信ず

分房期を七ヶ月に短縮す

調査委員分房期の主張

アイルランドにおける分房制度採用の方法及び目的

と。その後社会進歩し、労力の需用増加せるを以て、九ヶ月間の分房拘禁はこれを短縮して、僅かに平均七ヶ月となすに至れり。然るに当時の調査委員は、満九ヶ月間分房拘禁を強行すべき必要を主張し、更に進んで説いて曰く

分房的拘禁は、現行制度の下に於いても、在監者をして非常なる不快を感せしむるものなりとの風評あるに拘わらず、生等は在監人の身上に及ぼす、この結果をして一層甚だしからしめんことを主張するものなり。上文すでに説明する如くアイルランドの監獄に於いては入監の始めの四ヶ月間は劣等の食物を与え、且つその初めの三ヶ月間は無味単調にして、毫《ごう》も智能を要せざる労役の外は一の職業をも与うることとなし。そもこの如き慣行を生ずるに至りたる所以のものは、在監者の大多数は一の職業だに経験なきものなれば、もしこれに作業を教授せんとせば、必ずや授業手をして絶えずこれを訪問せしめざるべからず。然るに授業手の訪問は、分房的憂欝を軽減するの傾向あるべきを以てなり。アイルランドに於ける既決監獄の典獄が分房拘禁をして、一層凄酸ならしめんが為めに、この如き方法を採用するに至りたるは、大い

脅嚇的性質を増
加する分房制計
画の提議

分房の主義一転
す

に理由の存するものありと信ず。

依って生等は、英国の監獄にも、分房拘禁をして脅嚇的性質を増加せしめん

為めに、適当の計画あらんことを提議す。

右の報告に依ってこれを看ればサー・ジェイムズ・グラハム当初の主義およ

び計画は、今日全くその跡を止めざることを知るに足るべし。

而して元来在監人を訓練し、これをして正当の生活を営むことを得せしめん

が為めに設けたる分房中の期限は、今や一転して懲役刑期中に於いて、最も

凄酸苦楚(せいさんそな)を嘗めしむる利器として利用せらるるに至りたるなり。

これを要するに、本問題は大いに討究を要すべきものなり。而してここに一

言の注意を要すべきものあり。他なし監獄吏員および調査委員は本問題の沿革

を知悉せず、またその成績および結果に関して適当の判断を有せざることこれ

なり。蓋し普通の見解を以てせば、裁判宣告の後直に既決囚を一人ずつ、また

は数人を一体として、その既決監獄に送付するときは、莫大の費用を要すれど

も、現行制度の如くその既決囚を一時地方監獄に収容するときは、大いにこれ

分房拘禁の弊を緩和するの方法

を節減するを得べしと云うにあるが如し。然れども単にこの理由のみに依りて、この慣行の理由を説明せんとするは首肯し能わざる所なり。

またこの慣行は、懲役に対しては必要なる紀律なりとの議論あり仮にこの議論を以て当を得たりとするも、何故に既決囚を地方監獄に送付するの必要ありやの弁明となすに足らざるなり。生等は到底この制度に満足する能わざるものあり。生等は地方監獄に於いて既決監獄に送付すべき在監人を集むる目的を以て、少時間これを拘禁することに対して、敢えて異議を挟むものにあらずといえども、もしこの制度にして果たして良好なりとせば、既決監獄に於いても、出来得る限り刑期の始より終に至るまでこれを実行すべきものなるに、その然らざるは生等の怪訝に堪えざる所なり。

この制度の下に於いては、悔恨の感情の為め、または分房拘禁久しきに至るが為め著しく神経系統を傷害するものあるに至るべし。生等の調査せる材料に依ってこれを見れば、これ実に稀有の場合にあらざるを示せり。この制度の苛酷なる点を緩和するにはいかなる手段方法を必要とすべきか。

第一　分房的拘禁の時間を短縮し
第二「ペントンビル」監獄に於いて、その建設の当時採用したるが如き感化的勢力を巧に運用し
第三　ベルギーの監獄に於いて、分房中にある既決囚の為めに設けたる如き慈善的機関を構成すること

等にして、その目的を達し得べきや否やは大いに攻究を要すべき一問題なりとす。

緒言
日本の監獄改良は未だに発展せず
条件附裁判の採用

第十四章　不定刑期論

緒言　既に章を重ねて、獄制発達の歴史を研究したりが、我が国の獄制改良は未だ充分の発達を遂げず、分房制度および階級制度等最も罪囚改良に必要なる制度すらも採用せられざるなり。これを以て徒らに理論を高遠に走らせて実際に疎《うと》きは、吾人実務家の倣《なら》うべきことにあらずとす。然れども我が法典調査会に於いては、死刑存否の可否および条件附裁判の適否等も盛んに討議せられ、殊に条件附裁判の如きは、既に採用する所となりて、これを刑法草案に加えたりと言う。時勢既にこの如く進歩せり。吾人は徒に旧慣を墨守《ぼくしゅ》して新説を講究せずんば、思想沈滞し、日進文化の監獄改良に後るるの虞《おそれ》なきにあらず。これを以て多年余が唱道せし不定刑期論を講述するは、事の序として為すべきの事なりとす。既に条件附裁判が我が刑法学者の採用する所となりたれば、不定刑期はその主義と性質に於いて同一なり。これが沿革と主義の如何を講究するは獄制沿革を研究するの順序として為さざるべからざることと信ず。余は十

不定刑期主義にあらずんば真正の効果を収むべからず

有余前年より、監獄制度の最も進歩せる一制度として不定刑期を唱道せしといえども、我が国にてこれを賛成せるは法学士岡田朝太郎君ありしのみ。余の信ずる所に拠れば、今日我が国に於いては、不定刑期主義を唱道するもの少しといえども、早晩《そうばん》かかる主義は我が国人の賛成する所となるや明らかなり。否これを賛成して罪囚改良に適用するにあらずんば、真正の効果は収め能わざるを恐るるなり。

その歴史

デスピンと不定刑期

マコノーチーと不定刑期

その歴史　不定刑期主義は、スコットランドの監獄学者フレデリック・ヒルの唱道せるものにして、氏はその弟マシュー・ダヴェンポート・ヒルの賛助により、大いに該主義の拡張に便利を得たり。当時大監督ホエートリーもまた間接直接に該主義の正当なることを論じたり。仏国の哲学者、生理学者および監獄学者なるデスピンもまた該主義を賛成せり。その語に曰く

「感化監獄法一般に実行せらるる暁には、不定刑期主義の実施は自ら必要ならん」

と。一八五〇年もしくは一八五四年英人マコノーチーは不定刑期の必要を悟り、大いにこれを唱道せり。然れどもマコノーチーが在職中はかかる主義を実

クロフトンの先鞭

ブロックウエー一意見書を州会に提出す

行するに至らざりき。マコノーチーの司獄官として、当時の監獄社会に勢力ありしは前既に述べたるが如し。次にこの主義の唱道に因縁浅からざるは、アイルランドの名士サー・ウォルター・クロフトンなり。クロフトンは不定刑期主義の正当なることを看破し、これを長刑期の犯罪者に適用せし先鞭者なり。その実施の方法は前に述べたるが如く、犯罪者の行状、教育および勤勉の程度に依りて賞票を添付し、以て在監者の放免時期を在監者自らの両肩に擔わしむるにあり。

「マコノーチー」法と「クロフトン」法とを比較するに、「クロフトン」法はこれを前者に比するにやや実施し易きの便あり。両者を以て直接に不定刑期主義と断称すべからずといえども、これが実施の結果より、推論するときは、両者自ら不定刑期主義に帰着するものなり。

米国に於いてはゼブロン・ブロックウェー［留岡幸助のアメリカ留学時代の恩師の一人。エルマイラ感化監獄の典獄（刑務所長）］不定刑期主義監獄の必要を感じ、一意見書をニューヨーク州会の常置委員に提出せしが、州会はこれを立法院に移し、種々調査の末一人の不同意者なくして、この意見書は

エルマイラに不定刑期主義の監獄を創設す

ブロックウェーは不定刑期主義の健全正理なることを看破す

ガルファロかかる主義を弁護す

一八六九年無事に州会を通過せり。

これに於いてか地をニューヨークエルマイラに卜《ぼく》し一八七六年不定刑期主義監獄の創設を見るに至れり。即ち今の「エルマイラ」感化監獄 The Elmira Reformatory［留岡幸助が学んだ感化監獄］これなり。

蓋しブロックウェーが該感化監獄を創設するに至りたる所以は、過去数百年に於ける監獄改良の十中八九までは失敗してその目的を達する能わず。これを以てブロックウェー躬《みずか》ら数十年の間理論および実際に就きて刑法ならびに監獄学を専究し、遂に不定刑期主義なるものは健全正理の唯一主義なることを看破し、今の「エルマイラ」感化監獄を創設するに至りたり。

当時州会に於いては、一人の反対者なくしてブロックウェーの建議案を通過せしめたるを以て見るも、氏の学識と名望の高きを知るに足るべし。

一八八〇年イタリアの刑事人類学者［ラファエレ・］ガロファロは『クライテリオ・ポジティヴァ・デラ』Criterio Positiva Della と称する一小冊子に於いて、不定刑期主義をすこぶる弁護せり。この小冊子はナポリに於いて出版されたり。またその大著『刑事人類学』に於いても定刑期の宣告を廃止して、こ

クレペリンとフォン・リスト、かかる主義を唱導す

現今不定刑期主義監獄の実況

不定刑期主義を採用せる七ヶ州

米国不定刑期主義監獄の増加

れに代うるに不定刑期主義の宣告を以てすべきことを論ぜり。またドイツに於いては一八八〇年博士［エミール・］クレペリン Dr. Kriepelin この主義を賛成したり。彼の有名なるドイツの刑法学者［フランツ・］フォン・リストの如きも一八八二年に於いて、盛に不定刑期主義を唱道せりと言う。

現今不定刑期監獄の実況

不定刑期主義の実行は、前に述べたるが如く米国ニューヨーク州を以て始めとす。現今米国に於いて純然たる不定刑期主義によりて実際の働きをなしつつあるは七個州なりとす。即ちニューヨーク、マサチューセッツ、ペンシルベニア、ミネソタ、コロラド、オハイオおよびイリノイの各州なり。この外ミシガン州に於いては一八八九年不定刑期主義の法律制定されしといえども、特に感化監獄なるものを設けず、普通の監獄に於いて、ある種類の囚人にのみこの主義を適用せり。一八八九年の法律を以て、ウェスコンシン州は集治監《ペニテンシアリー》に於いてこの種類の罪囚に限りて不定刑期を実施せり。未だ詳細なる報告に接せずといえども、余が米国を去るに臨みニューヨーク州にては、「エルマイラ」感化監獄の成績著《いちじる》しきを以て、なお一個の感化監獄を同州に開設せんとして、既にその建設に従事しつつありき。ニュー・

欧州にては学者はかかる主義を賛し実務家これに反論す

ミッテルマイヤーの意見

ジャージー州も同く不定刑期主義の監獄を開設すべきことを、その州会に於いて議決せり。この他米国各州に於いては、刑法学者、監獄学者および実務家は犯罪人を改良せんには、不定刑期に依らざるべからざることを了解せるものの如し。故に年を重ぬるに従い、米国に於いては不定刑期主義に基する監獄を増設せらるるの機運に際会せり。然るに欧州大陸の監獄学者および実務家はかかる主義に関していかなる感想を懐くやと問うに、むしろある派の監獄学者はこれを歓迎し、実務家はかかる主義に反対せるものの如し。たとえばドイツの［カール・］クローネおよび英国のタラックの如きはこれを賛成せざるなり。余かつて在米の時、ドイツハイデルベルクの監獄学者ミッテルマイヤーに書を寄せ、この主義に就きてはいかなる感覚を有せらるるやを問いしに、氏は明らかに答えて左の如く言えり。

「余は不定刑期主義の実行は未丁年囚に必要なるも、成年犯罪者に必要なるを認識せず」

と。欧州各国に於いての実務家は、かかる主義を歓迎せざるが如しといえども、却って学者はこれを歓迎せり。例えば英国の監獄学者アレキサンダー・

アレキサンダー・ウインターの『エルマイラ監獄』

ハヴェロック・エリスの著『犯罪人論』

ロンブローゾの著『犯人論』

刑事人類学の唱導

ウインターはかかる主義を賛成し、すでに『「エルマイラ」感化監獄』The Elmira Reformatory なる一書を著述せり。また同国人ハヴェロック・エリスの如きも、その著述『犯罪人論』The Criminal の内に、「エルマイラ」感化監獄を賛嘆して詳論する所すこぶる多し。既にこの著述はドイツ語にも翻訳せられたりと伝う。

不定刑期の原理　過去三十年間欧州大陸に於いて犯罪者を研究せることは著しき進歩をなせり。而して刑事人類学の重なる運動として最も勢力ありしは、一八七六年（明治九年）イタリアトリノ府に於いて出版されたるチェーザレ・ロンブローゾの著『犯人論《ウオモデリンケント》』と名けられたる一書にてありき。

近来刑事人類学と唱うるもの、欧州大陸特に独、仏および伊に於いて盛んに攷究《こうきゆう》されしもロ氏の著述こそは斯学の嚆矢と謂うべきなり。一言にしてこの学派の唱道する所を尽さば、

犯罪人なるものはただに道義心に欠乏するのみならず、身体、心意および感情の上に於いてもすこぶる欠損するものにして、犯罪なるものは一部分生理的

この学理を実地に応用せしは欧州にあらずして米国なり

一部分自然的の原因より来るものなり。故に普通人民よりこれを見るときは、その思想、言語および動作は大いに異状を呈し、従ってまた不規則ならざるを得ざるなり

と。この学派の論者は犯罪の原因を身体的、心意的および社会的に攷究するなり。而して他に該学理を実際に応用せしもの欧洲大陸にありしやと言うに、然らずと言わざるを得ず。

この学理を実地に応用せしは欧洲にあらずして、遠く波を隔てたる彼岸なる米国なりとす。

刑事人類学の新学説欧州に唱えられ、従って監獄改良の声もまた高く、あるいは実際に、あるいは理論に、これが運動に着手せりといえども、その実績は顕れずして却って犯罪者は日月の進むと共に増加する有様なりき。一八九二年(明治二十二年)ブリュッセルに開設せられたる万国人類学会議に於いて、博士デニス氏は演説して曰く

過去二十年間に犯罪の増加せしこと二倍強なり。

復犯者の実例（一）シリー・ケリーと名けられたる八十二の老翁一八七二年エジンバラに於いて死せり。この翁飲酒もしくは他の微罪に依って入監せしこと三百五十回なり。而して彼は四十年よりもなお多くの時日を監獄に消費せり。（二）スコットランドの監獄巡閲官ヒルの言う所に依れば、その巡閲中一千回よりも多く入監せる犯罪者を見たり。（三）ニューヨーク市ブラックウェルス島労役監の典獄某フレデリック・ハワード・ワインスに告げて曰く、

我が監獄には飲酒に依って入監せしもの多かりしが、その在監人の一人は、しばしば三十日間の刑期を以て当監獄に来れり。然るに彼は刑期を終えて出獄するや一日を経て入監し来るたり。我が労役監の看守は一ヶ月一日の休暇あるのみ。然らば即ちこの犯罪者と我が看守との異なる所はただその名義のみにして、彼は在監人、看守は官吏たるの差異あるのみ

犯罪人の増加は刑法の不完全と監獄則の不適合に原因す

ブロックウェーの断定

一八七六年の監獄上の現象

と。かかる由々しき顕象《けんしょう》を、単に文明の進歩するに従い犯罪もまた増加するとの約言を以て解釈することを得べきか。曰く然らず、吾人の思う所に依れば、その原因の重なるものは、確に刑法の不完全なると監獄則の不適合なるとに帰せずんばあるべからず。

これに於いてや米国の名士ゼブロン・ブロックウェー蹶然《けつぜん》起って、不定刑期主義の正理なることを唱道するに至れり。氏はその論を世に発表し実地不定刑期主義の監獄を建設する以前に於いて、刑学上《ピノロジー》の理論を広く研究せり。しかのみならず多年治獄の衝に当たりて実地を経験し、遂に罪囚改良としては不定刑期主義に若《し》くものなきを断定するに至れり。これ実に一八七六年なり。一八七六年は監獄沿革史上忘るべからざるの年にして、英国はこの年を以て監獄統一制度を実行し、イタリアに於いてはこの年を以てロンブローゾの新著『犯人論』出版せられたり。而してブロックウェーが創設せる不定刑期の感化監獄たるや、犯罪人を学理的に処遇するにあり。然りといえどもブロックウェーは該監獄を設立するに当たりて、欧州大陸に起こりたる新学術の波瀾《はらん》は

政府の要求すべき二大要件

更に考慮することなかりきと言う。奇なる哉、伊国に於いては、ロンブローゾ一派の学派起こりて、犯罪を生理的および社会的に考究し、北米合衆国に於いては、ブロックウェー蹶然起って、犯罪者を実際的学理的に処遇したることや。これを思い彼を考うるときは、将来この二潮流は必ず一致合同するの時機の来るべきを信ぜざるを得ざるものあり。伊国に於いても、当時ブロックウェーと同一の思想を懐抱せし人なきにあらず、彼の罪科学 Criminology の鼻祖ガロファロその人の如きは、不定刑期主義の正理に適うたる遇囚法なることはすでにこれを論ぜしといえども、ただこれを理論に止めて実際に応用せざりしなり。

そも不定刑期主義なるものはいかなる点にその根拠を置くかと尋ぬるに、国家自ら永久にその生命を維持せんとせば、国家を妨害するものより自己を防衛せざるべからず。その次は国家に於ける各個人を保護せざるべからず。それ故に第一の目的は実利主義にして、即ち国家それ自身の為なり。第二の目的は正義主義にして、即ち各個人の為なり。この実利と正義なるものは政府が要求すべき二大条件なり。而してこの実利と正義を完うせんと欲せば、国家および国民の安寧を保護せざるべからず。これを保護せんとならば、犯罪者を処遇するに不定刑期主義を以てせざるべからず。

不定刑期主義

不定刑期主義　荘厳なる法律を破りし犯罪人の多数が精神上薄弱にして、而かもその犯罪は病的（身体機関の不発育および欠損）に起因するもの多しとすれば、これを病人に比するは当然なり。而して病人と比較することを得るとせば、その遇囚法たるやあたかも病者に於ける医師がその全癒を待って退院せしむるが如く、罪囚自らは全然これが改悛を完うするまでは予定の刑期を科すべからず。サー・トマス・モア曰く

モアの言

刑罰の目的は罪悪を撲滅し人類を救護するの外なし。

The end of punishment is nothing else but the destruction of vices and the saving of men ——Sir Thomas More

教授コリンの言

刑法学者コリン（エセカ大学刑法教授）曰く

真正の遇囚法より見たる監獄なるものは不完全なる身体、病弱なる精神に於ける病院の如きものなり。

In modern method of treating of crimiral, true conception of functions of

裁判官は有罪無罪を決すれば足る

放免の時期は典獄に専託すべし

定期刑より生ずる二大危険

prison is that it shall be a hospital for the treatment of despraved bodies aud diseased souls ── Prof. Chas Collin

これに於いてや裁判官なるものは犯罪者に対して汝は重懲役何年なり、または有期徒刑何年なりと刑期を定むべき理なきこと明らかなり。蓋し吾人の考うる所に依れば法官なるものは犯罪者に対して汝は有罪なりまたは無罪なりと宣告すべきなり。いやしくも犯罪人の刑期を定むる以上は、少なくとも犯罪者の性行、教育および身心の能力、家庭の有様および将来に於ける改良の程度までも前知するの明なくんばあるべからず。恐らくは神ならぬ法官にしてかかる全通力を有するものなきや明らかなり。然らば犯罪者の刑期を刑法に於いて前定するは、原理に於いて許さざるものとす。これに於いてや不定刑期を宣告して、放免の時期は、監獄の運転者即ち典獄に専托《せんたく》すべきものなりとす。もし果たして法官たるもの、犯罪者に科するに定刑期を以てするときは、左の二大危険に遭遇せざるべからず。果たして危険を惹起すとせば、国家の治安を保維《ほい》する刑法もまたその効を奏する能わざるや明らかなり。そも二大危険とは何ぞや。

第一、監獄にしてその目的を達し、犯罪者を満期以前に改悛せしめたりとせば（例えば有期徒刑十二年に宣告せらたるものが、八年にて改悛せりとせば）如何。

監獄なるものは改悛せるものを尚時までも拘禁すべき必要なかるべし。これを拘禁すべき必要ありとせば、あたかも入院患者を全快せし後もなお留院せしむると何ぞ選ばん。当人の不幸は勿論、国家に取りては不経済大なりと謂うべし。

第二、定刑期とせば、有期徒刑十二年に処せられしものにして、十二年の刑期終るもなお改悛せざるものあれば如何。この者も法律の文明に依れば、、社会に放免せざるを得ず。然らば刑の目的たる社会と民人の安寧を維持することを得べきや。これて以て定刑期は改良せざるものを社会に放免するの恐れあれば、その害も極て大なり。我が国に犯罪者の多き一原因ここに胚胎するなきを得んや。

これを略言せば、定刑期の弊害は、改悛せしものを長く監獄に留め置くの不正理と、改悛せざるものを社会に放免するの不利益あり。この如くはいかで

クローの言

監獄は一種の教育場なり

懲罰は感化の手段に適さず

ワインスの言その一

か国家を防衛し、民人を安寧ならしむる刑の目的を達することを得んや。W・S・クロー曰く「社会は犯罪者がすでに為したる行為に対してはこれを防衛すること能わず。それただ救済術なるものは、犯罪人の将に為さんとする行為を防衛するにあり」と。蓋しこの数言の裡に不定刑期の原理を含蓄して余りありと言うべし。それ犯罪者なるものは国家の法律を犯したるものなれば、宜しく懲罰すべきものなり。然れどもこれと同時に犯罪人なるものは、また道徳上の病人たるが故に、その全癒を要すべきものなり。これを以て監獄なるものはこの二大目的を成就せんが為めに設けられたる刑場ならびに教育場なり。

それ懲罰と感化は司獄の衝にあるものの片時も忘るべからざる二大警語なり。然れども懲罰はむしろ方法にして、感化はその最終目的なり。故に感化せん為に懲罰すべしとのことは、忘るべからざる格言なり。

ワインス曰く「犯罪者が為したる罪悪に適当するだけの刑罰を科するとせば、いかなる標準に依ってその程度を定むべきや。これ恐らくは為し能わざることならん。而して定刑期の下に服役する犯罪者に取りては、改良に要する時間は却って在監者の為めに仇敵となる。然れども不定刑期の下にある囚人に

完全なる主義は完全なる人物にあらざれば行わるる能わず

は、自己が経過する時間は即ち自己の好侶伴なり。しかのみならず怠惰心は閉塞せられ、兇暴心は鎮圧せられ、労働の精神は振作《しんさく》せられ、而して己が義務を完うせざることは、自ら刑期を延長することとなれば、自ら旧発せざらんと欲するも得べからざるなり。而してかかる制裁力は外面より来るにあらず、内部より湧出するなり。他動にあらずして自動なり。この養成力は、施しては他日社会に放免せらるるときの誘惑に打勝つ準備となるなり。而して監獄内に於いて養成せる自制および自衛力は、他日放免後の道徳力となりて残るなり」（イーノック・コップ・ワインス『監獄学』六百二十一頁乃至六百二十三頁）

この如き理由存するを以て、不定刑期なるものは、真正感化主義の基礎にしてまた動かすべからざる真理なりとす。然りといえども、かく健全なる不定期主義も、司獄官に人物を得るにあらざれば、軽率に実行すべからず。完全なる主義を実行せんとせば、比較的完全に近き人物を要するや論を俟たず。ワインス博士すでにかかる主義の正理を是認し、二十有余年の前に当たり、かかる主義に就いては、その大著『監獄学』中に論ぜしとはいえども、また実行に付きても困難なることを論ぜり。その語に曰く

ワインスの言その二

現今の「エルマイラ」監獄その目的

その遇囚

その教育

かく健全なる不定刑期主義も、その実行に至りては甚だ困難なることを感ぜざるを得ず。神聖なる監獄が、政治家の左右し得る区域内に在る間は、確にこの主義は行われざるものとす。然れども、吾人が信ずる所に依れば、神は必ず早晩行われ難き真理を作り給わず。而してまた定刑期より不定刑期に一足飛の変化は、仮令為し能うとするも願わしきことにあらず。およそ主義なるものは最初（恐くは常に）ある制限内に適用せざるべからず。

現今の「エルマイラ」監獄　一八七六年エルマイラに建設せられたるニューヨーク州立感化監獄は、その目的とする所は十六歳より三十歳に至る重罪犯者の初犯を拘禁せんがためなり。蓋し十六歳より三十歳までは人類としては最も感化の望多くして、健全且つ正実なる良民として社会にこれを放還し得るの便多ければなり。而して「エルマイラ」に於ける遇囚の基礎たるや、不定刑期に加うるに階級制度と仮出獄制度を併用するにあり。その組織は区別法、分類法および階級法等なり。而してその教育法は身体的、作業的、智識的、道徳的、宗教的および体操的、等なりとす。

出獄後の職業を定むるにあらざれば仮出獄を許さず

而して「エルマイラ」感化監獄に宣告せられたる罪囚は、少数を除くの外は、一八七七年ニューヨーク州立法院に於いて制定せられたる法令即ち不定刑期を以て宣告せらるるものなり。然れども罪囚に対しては、一般の刑法にて定めたる最長期限を超越すべからず。而してその最短期は実際一年に過ぎず。蓋しこの如き在監者は、入監中完全の行為ありたるものなり。

ニューヨーク州裁判所より、定期刑の宣告を以て「エルマイラ」に押送せらるるものあるも、その数極めて少数なり。この少数の罪囚は、成績さえ宜しければ、特赦に遭遇することなきにあらず。該監獄にては、仮出獄の効用最も大いにして、これを不定刑期と分かつこと能わず。而して仮出獄に処せられたるものは、自己の品行職業およびその近状をエルマイラの典獄に向かって毎月報告せざるべからず。この仮出獄期は六ヶ月なり。もし仮出獄者にして、規則に背戻することあらば、直にエルマイラの監獄局は逮捕状を発して、これをエルマイラに拘禁するの権利あり。在監者の出獄するや、仮令行状作業勉学の成績宜しく仮出獄を申渡さるるに足るものありといえども、出獄後の職業定まるにあらざれば、仮出獄を許さず。この事に関しての規定は左の如し。

出獄者の為めに、親戚故旧もしくは司獄官にして、出獄の後一身を支うるに足る職業を発見するにあらずんば、仮令仮出獄の資格具備するものといえども、その恩命に浴すること能わざるなり。

分類および階級法

分類および階級法は、在盟者の入監前後の行状、性質および教育等に依って定む。階級は三級に区別し、新入監者は第二階級に編入せらる。この級に入りたるものは、第一階級に上進すべき希望と、第三階級に堕落するの恐れあり。この編入法は大いに良成績を顕わせりと云う。

教育の目的

教育の目的は唯一なり。即ち正常なる生活をなさしめん為に、在監者を身体的、智識的、工芸的および道義的に教育するにあり。而してこの目的を達せん為めに、哲学、実践道義学、兵式体操、文典および物理学等を教授す。なかんずく健康を害したる罪囚は、特に衛生教育を受くるなり。かかる周到なる教育は、在監者の百中八十もしくは八十五は、出獄後正業に勉励し、以て改悛の実を顕わせりと云う。而して該監獄に入監せしものの平均年齢は二十一歳にして、仮出獄に処せられたるものの入監期限は平均一年と九ヶ月なり。

「コンコルド」感化監獄

「エルマイラ」についで設立せられたる不定刑期監獄は、ボストンに近きコンコルドにあり。この監獄は、多少「エルマイラ」監獄とは趣を異にする所あり。コンコルドに於ける感化監獄［ここでも留岡は研修を行った］は、一八八〇年に創設せられたり。而して一八八八年三月までの入監者は、すべて定刑期の宣告を受けたるものなり。該監獄が不定刑期と仮出獄制度を採用するに至りたるは、一八八八年の後なりき。而してこれを「エルマイラ」感化監獄に比較すれば、「コンコルド」に於いては重罪と軽罪犯者を共に拘禁せり。重罪は五年を以て最長期とし軽罪は二年を以て最長期とす。少数を除くの外は悉く不定刑期の処遇を受く。

該監獄には初犯者を拘禁すといえども、軽罪犯者に至りては更に年齢に区別なきものなり。入監者の年齢は十四歳より四十歳までなり。初犯者は実際その拘禁の最短期限は八ヶ月にして、その他の者は十ヶ月なり。軽罪囚の入監期限は十一ヶ月にして重罪囚は一ヶ年と八ヶ月なり。而して入監者の平均年齢は二十二年なり。

一八九一年までは、該監獄より仮出獄の申渡を受けたるものにして全く放免を得るまでの期限は、マサチューセッツ州監獄評議員の管理する所にして仮出獄者の報告すべき所は、即ちこの評議員会なりき。然るにこの規定の改正せられたるは、仮出獄期の一年と為りたる後の事なり。

教育の基礎は全く宗教的なり。その目的を達せんが為めに、罪囚を分類、階級、賞票、作業、体操および工芸等にて所遇するなり。而して分房の全数は八百房にして、目下在監人員およそ一千人内外なり。而して放免せられたる在監者の百中七十五人は、全く改良せられて正業に勉励せりと云う。その他は「エルマイラ」感化監獄と大差なきを以て、陳述するの要なしとす。

監獄の建設は社会の為か果たして幸か不幸か

人はある意味に於いて境遇の奴隷なり

第十五章　条件附裁判（即ち刑の執行猶予）

常に余が胸中を出没して止まざる一問題あり。監獄は公益を為すこと多きや、はたまた害毒を醸出《じょうしゅつ》すること多きやの疑問これなり。博士デニス嘗てブリュッセルに開設せられたる人類学大会に於いて演説して曰く
「過去二十年間に於ける犯罪の増加は二倍強なり」
と。犯罪の暴殖は、文明進歩に随伴していよいよ多きを加うるものの如し。而してこれが増加の原因素《もと》より一にして足らずといえども、その最大原因の一とも云うべきは、監獄の不備なること即ちこれなり。否むしろ犯罪者を拘禁するに監獄という一種の行政機関を設けたることとならざるべからず。事の全局よりこれを洞察するに、千人もしくは二千人の犯罪者を同一の場所に拘禁して、この裡より善良なる者を輩出せしめんと欲するは、そもそも事理に背反せることにあらずや。境遇は人を造る上に於いて偉大の勢力ありとのことを以て真理なりとせば、最悪の境遇より善人を輩出せしめんとするは、そもそもまたかの

監獄の目的はほとんど失敗せるが如し

フェリ刑事統計

根本に於いて誤れるなきを得んや。この原理もし果たして道理あらば犯罪者を改良して犯罪を減少せんと欲する今の刑法は、その根本的に誤れること明らかなり。

これを監獄沿革史に徴し、これを最近世界の大勢に鑑みるに、犯罪者を監獄に拘禁するのみを以て犯罪を減少せんと欲する画策はやや画餅に属せるものの如し。我が内務省調製の統計によれば、犯罪者百分の七十もしくは七十五は再犯または再犯以上のものなりと。イタリアの刑法学者［エンリコ・］フェリの名著『刑事社会学』Criminal Sociology に掲げたる統計に拠れば、欧洲各国復犯者のこの例は左の如し。

英国	一七八一年	犯罪人	百分比
		初犯	三八
		再犯	一八
		三犯	四四

スウェーデン　一八七一年

犯罪人	百分比
初犯	五四
再犯	二八
三犯	一八

フランス　自一八二六年　至一八七二年

未決囚	百分比
初犯	四五
再犯	二〇
三犯	三五

イタリア　一八七〇年

未決囚	百分比
初犯	六〇
再犯	三〇
三犯	一〇

プロイセン　自一八七八年　至一八八二年

犯罪人	百分比
初犯	一六
再犯	一六
三犯	一三
四犯	一〇
五犯以上	二八

フェリ氏の調査

重罪	
軽罪	
初犯	八三、二
再犯	一二、五
三犯	三、一

四犯	……
五犯	六、八
六犯	一、六

我が国の刑法はその根本に於いて誤謬なきか

初犯	二六、〇
再犯	一六、五
三犯	一四、六
四犯	一〇、八
五犯	六、六
六犯	五、二

これに依ってこれを観れば監獄既に悪境遇たり。この悪境遇に犯罪者を拘禁して改良の実を挙げんと欲するは、油を以て火を救わんとするが如くその効甚だ覚束《おぼつか》なき者なり。殊に威嚇的要素を含蓄せる我が現行刑法は、その根本的に誤り居れば、これによりて犯罪者を改良せんとすることは、労して功なきに終

威嚇論者の城郭

監獄改良の大勢は威嚇主義に重きを措かず

らざるを得ざるべし。刑に威嚇的分子を加味して編成したる刑法は、最早《もは》や少数の刑学者を除くの外は、これを是認する者なかるべし。旧主義の刑法を弁護するものは、二個の托言遁辞《たくげんとんじ》を陳列して論戦を挑む。

第一、刑法の要素たる刑罰を恐怖する観念は、犯罪を為さんと欲する者を威嚇す。

第二、犯罪人を刑罰する観念は、罪悪に反抗して起こる道徳的憤怒にして、この感情は人情の自然に出づるものなり。

然れどもこの論は、吾人をして首肯せしむるに足らざるなり。刑は未来の犯罪者を威嚇せしむるに足るとのことは、これ過去の刑罰歴史に照して論証すこぶる薄弱なり。古来惨刑酷罰《さんけいこくばつ》を以て犯罪者を処刑せしも、犯罪者は益々増殖せしにあらずや。故に曰く刑は将来の犯罪人を威嚇すとの論証はすこぶる薄弱なりと。牢獄《ダンゼチン》は変じて監獄《プリズン》となり、監獄《プリズン》は予じて感化監獄《レホメトリー》となり、いよいよ犯罪者を道徳的に職業的に教育的に改良せんとする時運に際会せり。彼犯罪者にして道念を喚発せられ、智嚢《ちのう》を開発せられ、手腕をして自活するの道を教えられたる以上は、仮令恐怖すべき刑罰を以て威嚇せずといえども、彼犯罪人は再び犯罪を繰り返すの至愚を演ぜざるべし。これを以て威嚇によりて犯罪人を改良せんとする議論は、吾人の信用を牽《ひ》くに足らざるなり。かくの如き刑法は、ただに根本的に誤れるのみならず、犯罪者を監獄に於いて改良せんと欲するは大海の無人島に生育したるロビンソン・クルーソーをして、今日の文明的社会に活動せしめんとすると一般、到底その目的を達する能わざるや明らかなり。これに於いて学者も実務家も均しく方向を転じ、新なる方法によりて以て犯罪を減少せんとするに至れり。これ即ち犯罪処遇に於ける新紀元《ニウイーラ》と謂うべし。そも、犯罪処遇の新紀元とは何ぞや。条件附裁判これなり。

条件附裁判の起原　同裁判の起原は理論《セオリー》より発端を開始せずして事実上の実際に始りたるものにして、一八七〇年の初め、仏国パリの有名なる新聞記者にして社会学者なるエミール・デ・ギラーディンなる人、その日刊「自由新聞」に論して曰く

　行刑の目的を以て建設せられたる監獄の拘禁は、全然失敗せり。犯罪者を改良せんには、実際上むしろこれを教育するの優れるに若《し》かず、これに於いてか

ファーザー・クック

監獄制度に一大変革を来たさざるべからず。そも一大変革とは、犯罪人殊に初犯者の如きはこれを監獄以外の場所に於いて、社会民人の監督に委託せざるべからず。然り而して、犯罪者をして日常の生活に適当せしめんと欲せば、教育と規律に依るの外なかるべし

と。然るにこの如き論文パリ新聞に連日掲載されしことは、露程も知らずして、今を距ること二十五年前即ち一八七三年北米合衆国ボストン府の慈善家ファーザー・クックは、犯罪者中には無辜もしくは境遇の悪きより法網に触れたるもの多きを思い、同情の念津々として胸間に湧き、毎朝ボストン法廷に出でて不運の犯罪少年および状情を酌量すべき初犯者を引受け、自宅に於いてこれを監督せり。これ即ち条件附裁判なるものの嚆矢たり。爾来クックの監督宜しきを得、成績すこぶる良好なるを以て、判事も犯罪者をクックに托するの利なるを知り、いよいよこれを励行するに至れり。

一八七八年（今を距る二十一年前）ボストン裁判所にては試験官を設定する

最初の試験官サヴェジ

ボストン試験官の数

試験官の職務

の議あり、最初の試験官として遂にエドワード・サヴェジを任するに至れり。氏はボストン府警部長にして、十四年の間能く試験官として精勤し、成績大いに揚がれり。マサチューセッツ州に於いては、条件付裁判の効否は十有余年の長日月間これを実験し、大いにその有効なるを認め、一八九一年マサチューセッツ州各市町に建設せらたる裁判所には、必ず条件附裁判を執行する試験官を任用するの議案州会を通過し、遂にこれが法律を制定するに至れり。

ボストン府中央裁判所在勤の試験管は都合七人にして、その内一人はこれが長官として全員を監督し、而して六人の下僚試験官たるものの内一人は婦人にして女囚を監督す。

試験官の職務は毎朝七時即ち法廷の開かるる二時間前に於いて、刑事被告人の罪状を調査し、条件附裁判を宣告するに足るべき者はこれを判事に上申して判決の材料を与え、既に刑の執行を命ぜられたる犯罪人あれば、その居宅に就きて謹慎の状況を視察し、必要に応じて教誨および忠告を与え、職業なきものには職業を与えてこれを正業に導き、兎に角試験官たるべき者は終始犯罪者の友を以て任ずるにあり。もしまた犯罪人の住居する場所にして改悛上不適

条件附裁判の驚くべき効果

当なりと認る時は、これを他に移転せしむる等、いやしくも改悛に有効なる方法ならんには、これを執行するに猶予せざるなり。故に条件附裁判に宣告せられたる犯罪者中百分の八十もしくは八十五は改悛の実効を奏せりと云う。これを要するに、条件附裁判の執行上最も大切なるは、犯罪人を処遇するに良境遇を以てするにあり。

刑法はもともと冷酷なり

由来刑法の犯罪人を取り扱うやすこぶる冷酷にして機械的なり。これを以て適正なる判決をなす能わず。しかのみならず道義的原則と刑法的原則とは往々撞着《どうちやく》せしことなしとせず。然るに条件附裁判の発見ありて以来、この撞着の弊害を矯正する上に於いては、すこぶる有効なりと謂わざるべからず。

境遇の勢力

与㆓善人㆒居如㆑入㆓芝蘭之室㆒久而自芳也、
与㆓悪人㆒居如㆑入㆓鮑魚之肆㆒久而自殯也。

木の下を住家とすれば自から花見る人となりにけるかな
野辺近く家居しおれば鶯のなくなる声は朝な朝なきく
植えて見よ花のそだたぬ里もなし心からこそ身は賎しけれ

我が国に於いても今やまさに条件附裁判を採用せんとす

必竟するに人の心は水の方円に従うが如く、境遇の良否によりて善ともなり、また悪ともなるなり。この原理これなりとせば犯罪者を処遇するに於いて、彼等を監獄内に拘禁する方法の失敗して、これを監獄外に処遇する条件附裁判の如き制度の成効するは、蓋し怪しむに足らざるなり。

今や我が政府条件附裁判の有効なるを認識し、これを刑法草案に編入せり。この時に当たり該裁判の利益たることならびにこれが起原および有効なる理由を論述すること、蓋し無益の労にあらざるを信ずるなり。もし我が刑法草案議会を通過して条件附裁判法律となる暁に於いて、最も注意すべきはこれを執行する試験官の人物如何なり。試験官に人物を得ざらんか、良法名案も死文徒法となりて終らんのみ。切に再び言う注意すべきは試験官たるべき人物のいかにあり。

万国会議の期限
文明の勢力は人をして協同せしむ
万国会議は即ちその一例なり

第十六章　万国監獄会議

万国会議の淵源

そも社会の進歩せざるときは、人々個々に分離して運動をなすものなりといえども、人智の開発に従いて一致協同の運動顕わるるに至る。文明進歩すれば、各般の事物複雑と為るはもとよりその所なりといえども、その複雑の事物を統一するの機関は漸次発達するものなり。万国会議の如き即ちその一なり。万国会議は一八四五年ドイツ国フランクフルトに於いて開設せるを以て嚆矢とす。この会議は［エデュアルド・］ドゥクベチオおよびラッセル二人の発意に成りたるものにして、ドゥクベチオはベルギー国監獄局長ラッセルは英国監獄局長なりき。当時拘禁制度《ペニテンシャリーシステム》の有効無効に付議論紛々としてほとんど半世紀に亘りたる時なるを以て、一般の監獄問題は到る処に討議せられたり。一八三五年スイス国公益協会に於いて、救貧問題と監獄問題とを併せ論ぜり。その有名なるベレンガーは、仏国学士会に於いて朗読したる論文中拘禁制度を論難し、この制度に付注意すべきことを陳述せり。一八四二年

最初の万国監獄会議は一八四五年フランクフルトに於いて開設す

議決の大要

より一八四三年に於いて、伊国フィレンツェおよびルッカに於いては、この拘禁制度を衛生的に二回討論せり。また仏国に於いてはシャルル・ルカ、M・トクビル、シャトーネフおよびベレンガー等の有志家は、拘禁制度を道義学および政治学上より討究せり。かかる争論の結果は、仏国行刑をして体刑を廃し、在監者を処遇するに人情に適合したる処遇を以てするの論盛大と為り、仏国の監獄改良をして大いに面目を改めしめたり。欧洲大陸の事情この如くなるを以て、ドゥクベチオおよびラッセルの二人は、何故に監獄は改良せられざるや、各国各その制度を異にするは何ぞや。もし適当の方法を発見するに至らば、万国を通してある程度まで一致を見るに至るは容易なりとのことを考え、遂に一八四五年独国フランクフルトに於いて万国会議を開設するに至りたり。この会議に於いては三日の討議ありたる後、結局左の議決をなせり。

第一　分房制度は短刑期の犯罪者に適用すべきこと。

第二　現今の刑法は可成的速に改正を施すべきこと。

第三　監獄を総括する監督官の権限は更にこれを拡張すべきこと。

一八四六年ブリュッセルの会議

議決の大要

第四　出獄人保護会を組織すべきこと。

次の万国会議は、一八四六年ベルギー国ブリュッセルに於いて開設せられたり。この会議は初回よりもなお盛にして、およそ二百人の代表者はこの大会に会合せり。而して議決したるものの内最も重大なる議決は左の如し。

第一　成年犯罪者の為に、特別の監獄を建設すべし。而してこの種の監獄は、全く分房制度として、時宜に依りては殖民地に在監者を移殖し得るの権利を与うること。もしまた保護会社の確実なる紹介あるに於いては、在監者を農業見習の為に、監外の良家に委託し得ること。

第二　司獄官吏は特別なる練訓を要すべきこと。

第三　宗教家ならびに慈善家の団体は監獄改良に尽力すべきこと。および監獄当局者はこれらの応援を歓迎すべきこと。

次に開設せられたる万国会議は同くブリュッセルにして、一八五六年なり。

一八五七年フランクフルトの会議

その議決

而して何等の得る所なくして、その翌年再びフランクフルトに万国会議を開くに至れり。この会議はすこぶる盛んにして、その議事録の如き二巻をなすに至りたり。而して重要なる議決は左の如し。

第一　長期刑の囚人にも分房を執行すべきこと。
第二　分房に拘禁する囚人の為に刑期三分の一を軽減すべきこと。
第三　未丁年囚にも分房拘禁を執行すべきこと。
第四　病囚ならびに老囚はこれを雑居的に殖民監獄に拘禁すべきこと。
第五　体刑ならびに公役作業を廃止すべきこと。
第六　保護事業に妨害をなさざる為に、監視執行に関する法律を改正すべきこと。
第七　司獄官吏の養成には特別に注意すべきこと。
第八　厳正分房に拘禁する監獄と自由社会との中間に於ける特種の監獄を建設すべきこと。（これ恐くは「クロフトン」の「ラスク」監獄に於ける如きものならん）

万国会議の中止

ミッテルマイヤーの声言に依り万国監獄会議一時中止せらる

第一回万国会議（ロンドン）一八七二年

第九　監獄事業に関する各国の報告書を編纂して彼我の優劣を比較すべきこと。

この如くして、万国会議は第三回を重ぬるに至りしか、当時刑法ならびに監獄社会に令名嚇々たりしドイツの碩儒ミッテルマイヤーの声言に依りて、万国会議は一時中止せられたり。ミッテルマイヤー謂えらく、監獄事業に関する理説は、各その人に依りて趣を異にするが故に、この複雑なる理説を監獄会議に於いて統一せんとするは、恐らくは出来得べきことにあらざるべし。仮令これを出来得べしとするも、希望すべきことにあらずと。かかる声言は監獄社会に大なる影響を及ぼし、万国会議は一時中止せられたり。然るに米国の監獄学者博士イーノック・コッブ・ワインスは万国大会議の必要を感ずること深く、苦心惨憺東奔西馳の後、遂に中絶せる万国会議を再興するに至れり。

第一回万国会議　通常万国会議の歴史を講ずるもの、ロンドン会議を以てその初回となすものの如しといえども、実際万国会議は以上述ぶるが如く第三回に及びしなり。然りといえども、その会同すこぶる微々たりしを以て、ロンドン会議を第一回と称するに至れり。この会議は一八七二年に於いて開設せられたりしが、この会議に先ずこと十年、米国に於いては国立監獄大会なるものを起して、大いに監獄改良の理説方法を討議せり。而して会同せし場所はシンシナティー、ボルチモア、セントルイス、ニューヨークおよびニューポートの五個所なりき。

万国会議の起因
ソロッフの報告
ワインスの感動

万国監獄会議の起原

一八六八年露国の監獄改良家伯爵ソロッフは、モスコー府に於いて有益なる監獄報告書を編制し、その巻末に記して曰く、「万国監獄大会議を開設して、各国互いに智識と経験を交換することあらば、その稗益多大ならん」と。米国の監獄学者イーノック・コップ・ワインスは伯爵ソロッフの報告書を読み、その巻末万国会議の一段に至りて感益々深く、大いにその心を動かされたるものの如し。当時イーノック・コップ・ワインスは、ニューヨーク監獄協会の通信書記（Secretary）なりしが、該監獄協会はただにニューヨーク州の監獄協会たるのみならず、北米合衆国を代表し、ある意義に於いては万国監獄協会を代表せり。故に同監獄協会より出版する年報書の如きは、ある程度まで世界の監獄事情を記載し、当時広く世に行われたり。

ニューヨーク監獄協会の不決

シンシナティーの監獄大会

一八六九年五月該協会は、その月次会に於いて伯爵ソロッフの説に基き、斯道改良の一大機関として、万国会議を開設せんとの議案を提出せり。

万国会議を開設することはすこぶる広き問題たるが故に、該協会員はこの問題に付、六ヶ月間熟考する所ありしが、到底行われ難きを見るや、遂にこの提出案を否決せり。ワインスは議案のすぐ否決せられしを悲しみ、万国監獄会議の開設につきては斯道の友人等に計るありしが、欧米の友人等は大いにその説に同情を表し、万国会議の組織に付き出来得るだけの助力を与えたり。これに於いてかワインスは、一八七〇年オハイオ州シンシナティーに於いて監獄大会を開設せり。この会合には政府は勿論、民間の有志者に至るまで、各その代表者を派遣するに至れり。而して該会議の会長は、前米国大統領［ラザフォード・］ヘイズなりき。この会議は米国の監獄改良には、至大の関係を有したるものにして、今日米国の監獄改良益々盛大を極むるは、その原因ここに胚胎《はいたい》せりと謂わざるべからず。この会議に於いて朗読せし論文は、およそ四十篇なりしが、その中十一章は欧州大陸より、六章は英国より、三章は仏国より、一章は伊国より、一章はデンマークより、なお他の一章は英領インドより寄送せ

ワインスの主張

ワインスの渡欧

られたり。博士ワインスはこの会同に於いて、熱心に万国会議の開設せざるべからざる所以を主張せしが、会衆皆これに賛成し、その組織方法および開設の時期等に付ては一にこれにワインスに委任するに至れり。これを以てワインスは、まずこれを米国政府に謀りてその同意を求めたり。米政府はその開設の必要を認め直に賛成の意を表し、万国監獄会議開設委員なる者を選挙せんことを勧告し、その委員の一人としては、前の米国大統領ヘイズを挙るに至れり。而して他の各国委員の撰定はワインスに一任せんことを以てせり。それ故にワインスは檄文を草して、各国政府にこれを廻送することに定め、直にワシントン府に至りて、各国の駐在全権公使を訪問し、その同意を得、各国公使より本国政府に添書をる送るに至れり。

この如く準備やや整いたるを以て、一八七一年先欧洲に渡りて夏と秋を過ごし、その間あるいは直接に、あるいは米国公使の手を経て、欧洲各国の政府に謀りて、万国会議の開設に尽力せり。これに於いてか一八七二年の夏、英京ロンドンに於いて万国会議を集徴するに至りたり。監獄沿革史を講ずるもの、ロンドン会議を以て万国会議の初回となすに至りしは、畢竟この会議が非常なる盛会なりしを以てなり。

この会議に参会せしものは、ただに各国を代表する政府委員のみならず、民間の有志家等も会同せり。この会議はおよそ十日間の開設にして、その間演説論文および討論等ありて、すこぶる盛大を極めたり。それ故にこの会議の議事録の如きは、およそ八百頁の一大書籍となりて、刑法学ならびに監獄学上に非常なる利益を与えたり。

第二回万国会議　はストックホルムに於いて開設せられたり。これ即ち一八七八年四月なりき。この会議に於いては、ワインスはその名誉会長として大いに尽す所ありたり。

第三回万国会議　は一八八五年十一月伊国ローマにて開設せられたり。その議事録は大冊六巻をなすに至りたりと云う。以ていかにその盛大なりしかを想像するに足るべし。ワインスは第二回万国会議の後間もなく死去せるを以て、ローマの会同には参会すること能わざりき。ワインス博士の出席せざりしは、その会同に一大寂寥を与えたりとは参列者が各感じたる所なりしと云う。

第四回万国会議　は露国サンクトペテルブルクに開かれたり。これ即ち

第二回万国会議（ストックホルム）一八七八年

第三回万国会議（ローマ）一八八五年

ワインスの死去

第四回万国会議（サンクトペテルブルク）一八九〇年

第四回万国会議とハワード百年祭

第五回万国会議（パリ）一八九五年

第六回万国会議

一八九〇年七月なりき。露都に開設したる所以のものは、一八九〇年斯道の開山ジョン・ハワードの百年祭に該当せしを以てなり。露人と英人との間柄はその悪きこと犬猿も啻《ただ》ならず、然るにハワードの百年祭を紀念せんが為に特に、万国会議を露都に開きたるは、深くハワードの博愛に感激する所ありたるが為なり。生誕したる故郷の恋しきが如く、屍を横えたる墳墓の地は、人々をして一種特別なる感情を与うるものなり。ハワードは故国を有するにも係らず、天涯万里の露国に於いて屍を横えたりとの一事は、露人をして故らにハワードを景慕せしむる所以なり。仁者に敵なしとはこの事実を以て見るも実に明白なることならずや。

第五回万国会議　は仏国パリにて開設せり、これ即ち一八九五年の夏なりき。この会議には我が国よりも政府委員として小河［滋次郎］事務官を派遣せしことは親しく諸君の知る所なり。

第六回国国会議　は明年ベルギー国ブリュッセルにて開設せらるることに決定せり。

獄制沿革史　終

解題『獄制沿革史』

伊東裕起

本書は留岡幸助著『獄制沿革史』（一九〇〇年・磯村政富）を、現代の読者にも読みやすい表記に改めて復刊したものである。

留岡幸助（一八六四〜一九三四）は日本の社会福祉、特に感化教育（矯正・更生保護）の父である。犯罪者が人間として扱われることの少なかった時代に、罪を犯した人物もあくまで人間であるとして接した人物、およびそのための制度作りにも尽力した人物である。不良少年のための児童自立支援施設「家庭学校」の創設者としても名高い。本書『獄制沿革史』は、彼が警察監獄学校の教授だったころ、教科書として執筆したものである。

留岡幸助は同志社英学校別科神学科を卒業後、北海道の空知集治監の教誨師に就任した。そこで目にしたのは、囚人たちに対する非人道的な扱いだった。そこで留岡は、監獄学を学ぶため、アメリカに留学。コンコルド感化監獄およびエルマイラ感化監獄で実地研修を行い、監獄学および感化教育の権威ゼブルン・ブロックウェーに師事した。ブロックウェーは、それまでのただ罰を与える監獄ではなく、より良い人間となる手助けをする教育の場としての感化施設について考えていた。

留岡は帰国後、警察監獄学校の教授として教鞭を執る一方、巣鴨監獄の教誨師として囚人たちと接し続けた。さらに、ブロックウェーの考えを発展させ、家庭にして学校である、不良少年の更生のための施設「家庭学校」を東京の巣鴨に設立した。また、内務省地方局嘱託として司法行政に提言を行った。本書はこの時期の著作になる。

留岡は北海道の上湧別と神奈川の茅ヶ崎にも家庭学校を設立。特に北海道家庭学校は彼の人生すべてをかけた事業となった。茅ヶ崎の家庭学校は関東大震災で被災し、現在は残っていないが、北海道家庭学校は現在も多くの若者の学びの場となっている。

そんな留岡幸助が、監獄学を学ぶ者たちのために書いた教科書が、この『獄制沿革史』である。警察監獄学校の第一期生の生徒九人の助力によって刊行されたものである。本書は監獄制度の歴史を的確にまとめているだけでなく、留岡の提言として、不定期刑期論や条件付き裁判（仮釈放）などについても述べてある、日本の行刑法制史を語る上で重要な資料である。また、同志社英学校時代に伝記を読み、彼が監獄改良運動に関心を持つきっかけとなったジョン・ハワードについて熱っぽく語っている箇所も興味深い。また本書には、感化法や監獄法の起草に尽力し、留岡の協力者であった小河滋次郎や、清国の顧問として招かれ、清の刑法の起草にも関わった岡田朝太郎などの名もみられる。

牢獄から監獄へ。監獄から感化院へ。さらにその先へ。罪を犯したものを「獄」に留めないために、今も留岡幸助に学ぶことは大きい。

留岡　幸助［著］（とめおか・こうすけ）

日本の感化教育（矯正・更生保護）や刑務所改良などに尽力した「感化事業の父」。同志社英学校別科神学科卒。教誨師として赴任した空知集治監の囚人の扱いに疑問を感じ、監獄学を学ぶため渡米。コンコルド感化監獄およびエルマイラ感化監獄で実地研修、ゼブルン・ブロックウェーに師事。帰国後、巣鴨監獄の教誨師および警察監獄学校教授。不良少年の感化教育のための「家庭学校」を設立。特に北海道家庭学校が名高い。（1864-1934）

伊東　裕起［解題］（いとう・ゆうき）

1983年熊本市に生まれる。東海大学、熊本学園大学などで非常勤講師を務める。2011年、熊本大学にて博士（文学）取得。共訳にKaneko Tohta: Four Volumes Series (Red Moon Press, 2011-2012) 共著に『Grammar Discovery ：そうだったんだ！ 英語のルール』（センゲージ・ラーニング、2013）など。

獄《ごく》制《せい》沿《えん》革《かく》史《し》

平成27年8月25日初版第一刷発行

著　者：留岡《とめおか》 幸助《こうすけ》
発行者：中野 淳
発行所：株式会社 慧文社《けいぶんしゃ》
〒174-0063
東京都板橋区前野町4-49-3
〈TEL〉03-5392-6069
〈FAX〉03-5392-6078
E-mail:info@keibunsha.jp
http://www.keibunsha.jp/
印刷所：慧文社印刷部
製本所：東和製本株式会社
ISBN978-4-86330-150-4
落丁本・乱丁本はお取替えいたします。
本書は環境にやさしい大豆から作られたSOYインクを使用しております。